अनहद बाजे

वीणा मन की

कविता-संग्रह

डॉ. ...ला व्यास

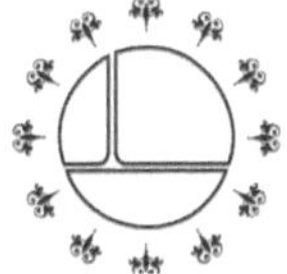

अंजुमन प्रकाशन

Title : **Anhad Baaje (Veena Man Ki)**
Author : **Dr. Vimla Vyas**
Published By
Anjuman Prakashan
942, Mutthiganj, Prayagraj, 211003
www.anjumanpublication.com
anjumanprakashan@gmail.com

Printed and bound in Manipal Technologies Limited, Manipal, Karnataka
Paperback, First published by Anjuman Prakashan in 2021
ISBN : 978-93-91531-08-9

कीर्तिशेष आदरणीय श्री रूप व्यास जी

आपके
अनहद प्रेम की
मधुर स्मृतियों को
सादर समर्पित...

अनहद बाजे : एक दृष्टि

डॉ. विमला व्यास द्वारा विरचित अनहद बाजे (वीणा मन की) संज्ञक अप्रकाशित काव्य-ग्रन्थ की कविताओं को पढ़ने का सुअवसर प्राप्त हुआ। सभी कविताएँ सामान्य दृष्टि से देखने पर जितनी सरल, सुबोध और सामान्य प्रतीत हुईं, उससे बहुत अधिक कठिन, निगूढ़ और असाधारण तब दृष्टिगत् हुईं, जब उन्हें पूर्ण मनोयोग-पूर्वक, रुक-रुक कर, चिन्तन करते हुए समस्त पूर्वाग्रहों से मुक्त होकर अतएव तटस्थ होकर पढ़ा। जब मेरे भावक मन ने काव्य-कलेवर पर केन्द्रित होकर उसके नैसर्गिक छवि-माधुर्य के दिव्य दर्शन के उद्देश्य से शब्दों के सुनहले आवरण को हटाने का प्रयास किया तो पाया कि उसके पीछे मधुर-सुकोमल भावना का ऐसा मंजुल महार्णव आन्दोलित हो रहा है, जिसमें विचारों की ऊँची-ऊँची तरंग-मालाएँ निरन्तर उठकर रसामृत कणिकाओं को तट पर प्रक्षेपित कर रही हैं, जिसके निस्सीम विस्तार को देखकर बेचारी बुद्धि जैसे 'उड़ि जहाज को पंछी फिरि जहाज पर आवै' की भाँति नातिदूर से ही वापस लौट आती है तथा जिसकी निर्मल गहराई का कोई ओर-छोर नहीं है। इस अद्भुत भाव-सागर के अदृष्ट उत्स का पता लगाने के लिए जब सात्विक श्रद्धा के साथ मेरी प्रज्ञा ने उसमें प्रवेश किया तो पाया कि उसकी अतल गहराई में एक विशाल कवि-हृदय किसी सुकुमार संवेदना से चोटिल होकर घायल अवस्था में पड़ा हुआ है, जिससे निरन्तर निकल रही निःश्वासों ने संघनित होकर तरल भाव-सागर का भव्य स्वरूप ग्रहण कर लिया है और जो शब्द-तन्तुओं द्वारा विनिर्मित भाषा के झीने, किन्तु मर्यादामय आवरण से आच्छादित हो गया है। इस आवरण को पार किये बिना ग्रन्थ के साहित्यिक सौन्दर्य का साक्षात्कार सम्भव नहीं है।

ये कविताएँ डॉ. विमला व्यास जी के विमल मानस के जिस भव्य भावलोक से समुद्भूत हैं, उसका निर्माण भगवान श्रीराम की वनवास-स्थली के रूप में विख्यात श्री चित्रकूट धाम की प्रभुपादपावन मिट्टी में जन्में और पले-बढ़े माता-पिता के दैवी संस्कारों एवं तीर्थराज प्रयागराज की सर्वांग-सन्नद्ध शिक्षा-संस्कृति के समानुपातिक सम्मेल से हुआ है। इसलिए इनमें दास्य भक्ति का

सम्पूर्ण समर्पण और सत्य भक्ति का सौम्य स्वाभिमान, इन दोनों का सुन्दर समन्वय है। सभी कविताएँ प्रेम की उच्च भाव-भूमि पर स्थित हैं, इसलिए उनमें मर्यादा की सरल सीमा में सिमटा हुआ शृंगार अपनी छवि की कान्ति-किरण से झिलमिला रहा है। ऐसा शृंगार, जिसमें स्थूलता न होकर सूक्ष्मता है, ऐन्द्रियता न होकर आत्मीयता है, उत्तेजना न होकर भावना है, माँसलता न होकर आह्लादकता है, वासना का विष न होकर प्रेम का अमृत है, विकृत विलासिता का कलुष-कर्दम न होकर माधुर्यमय सौन्दर्य का शान्त सागर है और विरह-मिलन का झंझा-झकोर न होकर कान्तासम्मित उपदेश का त्रिविध समीर है। उसमें ताप-सन्ताप न होकर अज्ञात प्रियतम का अजया जाप है। अपहरण न होकर समर्पण है, पाने का प्रयास न होकर देने का उत्साह है और किसी प्रकार का प्रदर्शन न होकर सम्पूर्ण जीवन-दर्शन है। उसमें अस्तित्व बचा रखने का प्रयास न होकर प्रियतम में खो जाने का असीम उत्साह है, द्वैत-बोध-जन्य इन्द्रियानुभूति न होकर अद्वैत आनन्द का अक्षय स्रोत है।

डॉ. विमला व्यास जी की कविताओं में शब्दों की खनक न होने के बावजूद अर्थ की चमक विद्यमान है। ऐसी चमक, जो आँखों को चकाचौंध न करके जीवन के तमसाच्छादित पथ पर आलोक-किरण बिखेरती है। ऐसी चमक जिसके सहारे जीवन-यात्रा में एकाकीपन की विभीषिका से घबराया हुआ यात्री अपने लक्ष्य तक पहुँच ही जाता है। कविता के अंतस्तल में छिपा हुआ प्रेम-दर्शन पाठक के मन में एक अलग आध्यात्मिक दुनिया की सृष्टि करता है, जहाँ भौतिक भोग-सुख के बीच से आत्मानन्द का मार्ग खुलता है। इन कविताओं में कवयित्री ने भले ही अलग-अलग विषय-वस्तु का चयन किया है, किन्तु सबका उद्देश्य एक है और वह है, पाठक-समाज के मानस को प्रेम की उच्चतम भावभूमि तक पहुँचाना। उक्त ग्रन्थ का शीर्षक है- 'अनहद बाजे: वीणा मन की'। इसका आशय भी अत्यन्त निगूढ़ है। जो नाद कानों को सुनाई देता है, वह आहत नाद है। वह एक बार उत्पन्न होकर और सुनाई देकर शून्य-विवर में विलीन हो जाता है। इस नाद के श्रवण से जो प्रीति जन्म लेती है, वह लौकिक होती है। उसमें खोने का कम किन्तु पाने का उत्साह अधिक होता है। उसमें अपनी सत्ता को बचाकर रखने का मोह शेष रहता है। किन्तु अनहद नाद,

जिसकी कम्पन-तरंगों को पकड़ने के लिए भौतिक कानों के अन्दर के कानों को सक्रिय करने की आवश्यकता होती है, जिस प्रेम का बीजांकुरण करता है, वह विराट सत्ता में वैयक्तिक सत्ता का लोप करके अमर और शाश्वत कर देता है। किसी के दर्शन के उपरान्त जो तन्मयी भाव बनता है, उसकी गहन अवस्था में प्रविष्ट होने के बाद अन्तर्मन की गहराई में जो नाद झंकृत होता हुआ सुनाई देने लगता है, वही अनहद नाद है, वही आत्मीय प्रेम का कारण भी है। यह नाद प्रेम होने के पहले भी सुनाई देता है और प्रेम हो जाने के बाद संयोगकालीन गूढ़ आलिंगन के चरम क्षणों में भी सुनाई देता है।

आहत नाद में भी अनाहत नाद छिपा होता है। जो व्यक्ति केन्द्रित होकर उसके जितने अंश को सुन पाता है, उसी के अनुपात में वह अतीन्द्रिय अमरत्व का अनुभव भी करता है।

कवयित्री ने अनहद बाजे के आगे कोष्ठक में लिखा है- 'वीणा मन की'। वस्तुतः वह मन की वीणा ही है, जो अज्ञात रूप से आठों याम बज रही है। सबके मन की गहराई में अर्थात् अचेतन में एक अदृश्य-अद्भुत वीणा होती है। वह दिन-रात बजती रहती है। कभी-कभी उसकी ध्वनि-तरंगें मन के आवरणों को वेधती हुई बाहर आकर एक मण्डल बना लेती है। उस मण्डल की आकर्षण शक्ति असीम होती है। जब कोई समानधर्मी मन वाला मानव उस मण्डल के केन्द्र में आ जाता है तो वह हठात उसमें खिंचता चला जाता है। जब दोनों व्यक्तियों के मन की वीणा की तरंगें एक समान होती हैं तो दोनों एक-दूसरे को आकर्षित करती हैं। इस प्रकार का आकर्षण और तज्जन्य मिलन जन्म-जन्मान्तर के लिए अमर हो जाता है। कोई भी शक्ति उसे अलग नहीं कर सकती। इसके विपरीत ध्वनि के (मन की वीणा) समानधर्मी परमाणुओं में जिस व्यक्ति के परमाणु अधिक सघन और शक्तिशाली होते हैं, वह आकर्षित करता है तथा जिसके विरल और निर्बल होते हैं, वह आकर्षित होता है। ध्वनि परमाणुओं की विषमावस्था में जो प्रेम होता है, उसमें अभिलाषा, उत्सुकता, समर्पण-भाव एकपक्षीय होता है। ऐसे प्रेम में प्रिय और प्रेमी दोनों दो होते हैं। एक तड़पन का अनुभव करता है तो दूसरा उदासीन होता है। इसी प्रकार के प्रेम में प्रिय पर निष्ठुरता का आरोप लगता है।

डॉ. विमला व्यास के विवेच्य काव्य-संग्रह का शीर्षक कवि-हृदय को दिखाने वाला दर्पण है। कवयित्री के मन में जो अतीन्द्रिय वीणा बज रही है, उससे निकलने वाली अनहद ध्वनि ही उसकी कविताओं में अस्फुट रूप से गुंजरित हो रही है। कविता के ऊपरी स्तर पर वह ध्वनि शान्त है। कुछ गहराई में घुसने पर क्षीण लहरियों का आभास मिलने लगता है। अटल गहराई में प्रविष्ट होने के बाद वह नाद स्पष्ट रूप से सुनाई देने लगता है।

डॉ. विमला व्यास जी का एक कविता-शीर्षक है- 'सुनो देव'। वह देव और कोई नहीं, बल्कि उनके मन का वह देवता है जो वीणा बजाकर अपनी अनाहत ध्वनि तो सुना रहा है, किन्तु आहत-आर्त ध्वनि को स्वतः नहीं सुन पा रहा है, बल्कि सुनाना पड़ रहा है। आत्मिक प्रेम की आकुल व्यंजना इन पंक्तियों में साकार हो उठी है-

सुनो देव

मेरी इन आती-जाती
साँसों में
कुछ ख़ास लिख दो

अब तो मेरी
तलाश भी
ख़त्म हो गयी है

कुछ और नहीं

बस
मेरी हथेली पर
सत की
अमिट स्याही से
अपना नाम लिख दो।

कवयित्री जानती है कि मन का जो देवता अपने अस्तित्व के अभिमान में अपने ही अभिन्न अंग को भेद-दृष्टि से देख रहा है, वह जब सत की अमिट स्याही से अपना नाम लिखना चाहेगा अर्थात् अभेद-दृष्टि से जब देखेगा तो द्रष्टा और दृश्य में कोई अन्तर नहीं दिखायी देगा।

इन पंक्तियों में मानव मात्र के लिए यह सत्य व्यंजित किया गया है कि सारी समस्याओं की जड़ भेद-दृष्टि है। जो भेद-दृष्टि को अभेद-दृष्टि में बदलने की साधना पूरी कर लेता है, वह प्रेम का वास्तविक अर्थ समझ जाता है और प्रेम की उच्चतम भावभूमि पर प्रतिष्ठित होकर परमानन्द स्वरूप हो जाता है। डॉ. विमला जी की कविताओं को समझने के लिए व्यंग्यार्थ ग्रहण करना आवश्यक है। कुछ पंक्तियों की ओर ध्यान आकृष्ट करना चाहूँगा। उक्त काव्य-ग्रन्थ का एक कविता-शीर्षक है, 'प्रीति की डोर'।

कविता है-

डोर प्रीति की तुम संग बाँधी
पल प्रति पल तुझमें खो जाऊँ

शब्द स्वर यूँ मौन हुए अब
जैसे सुर-बिन साज सजाऊँ

पिया मिलन की प्यासी मैं तो
तुझ बिन अब कहीं चैन न पाऊँ।

सामान्य सरसरी निगाह से पढ़ने पर तो ये पंक्तियाँ संयोग-सुख की उत्कट अभिलाषा से सम्बन्धित लोक-प्रचलित शब्दों का एक संयोजन मात्र है, किन्तु शब्दों पर ध्यान देकर पढ़ते समय यह बात सहज ही समझ में आ जाती है कि भावना की गहराई में घुसते समय डॉ. विमला व्यास जी ने विवेक का अवलम्बन छूटने नहीं दिया। पूरी कविता प्रियतम में खो जाने की उत्कट अभिलाषा पर अवलम्बित है। कवयित्री ने जहाँ 'पल प्रति पल तुझमें खो जाऊँ' लिखा। वह ऐसा भी लिख सकती थीं कि सहसा तुझमें खो जाऊँ। वे जानती

थीं कि तब खोने का सुख न मिल पाता, क्योंकि सहसा-अर्थात् एक झटके में खो जाने का कोई अर्थ नहीं है। किसी में खोने अर्थात् विलीन होने के पहले जिस महामाया-मोह से पूर्ण मुक्त हुआ जाता है, वह छोड़ने के पल-प्रति-पल के प्रयास द्वारा ही संभव होता है। 'खोना' का अर्थ है, कहीं से निकलकर कहीं विलीन हो जाना। दूसरे शब्दों में, अस्तित्व का 'स्व' से मुक्त होकर 'पर' में विलीन हो जाना ही 'खोना' है। यह विलगाव जब सहसा होता है तो स्व-मोहासक्ति के कुछ परमाणु अस्तित्व में चिपके रह जाते हैं। परिणामतः समर्पण के बावजूद दुविधा बनी रहती है। इसके विपरीत यही अलगाव जब प्रक्रिया के तहत होता है तो कोई परमाणु उसमें चिपका नहीं रह जाता। ऐसा समर्पण ही वास्तविक और यथार्थ होता है। इसका अपना अलग आनन्द है। इसीलिए लेखिका ने 'सहसा खो जाऊँ' न लिखकर 'पल प्रति पल तुझमें खो जाऊँ' लिखा। यहाँ सारी भाव-व्यंजना शब्दाश्रित है।

दूसरी ध्यातव्य बात यह है कि कवयित्री अपनी संकीर्ण सत्ता का जिस विराट सत्ता में विलयन/विसर्जन करने को उद्यत है, उसके लिए 'आप' शब्द का सम्बोधन न करके 'तुझ' शब्द का प्रयोग किया है। यह खटकने वाली बात लग सकती है, किन्तु गम्भीरतापूर्वक विचार करने पर यह संशय भी निर्मूल हो जाता है। लेखिका जानती है कि खो जाने की स्थिति में अपनी सत्ता का रंच मात्र अंश भी शेष नहीं बचता। ऐसी स्थिति में किसी औपचारिकता का प्रश्न ही नहीं उठता। इसलिए उसने 'आप' के स्थान पर 'तुझ' शब्द का प्रयोग किया। उसे ज्ञात है कि 'आप' शब्द में एक दूरी और औपचारिकता होती है, जबकि 'तुझ' शब्द में अभेद आत्मीयता।

डॉ. विमला व्यास जी की कविताओं का सारा आनन्द उसके शब्दों की शिव-जटा में समाहित अर्थ-गंगा को भगीरथ की भाँति कृतज्ञतापूर्वक बाहर निकाल कर उसके रसामृत का श्रद्धायुत पान करने में है।

कुछ गिने-चुने शब्दों के सहारे बहुत-कुछ को कह देना और कही गयी बात में बहुत कुछ समझने का अवकाश छोड़ रखना, डॉ. विमला व्यास जी की रचनाधर्मिता की बहुत बड़ी विशेषता है। 'ऐ गंगे तू बहती है क्यों' शीर्षक कविता की निम्न पंक्तियों में माँ गंगा के बहाने प्रत्येक कर्तव्य-विमुख लोगों से कारण

पूछा गया है-

तू तो निर्मल अविरल माँ
स्वर्गवासिनी कल्याणी

भगीरथ की तपस्या से
उतरी थी तुम अवनी पर

प्राणियों की प्यास बुझाने को

फिर भी
मानव अतृप्त है क्यों ?
ए गंगे तू बहती है क्यों?

प्रायः देखा जाता है कि व्यक्ति को जिस काम के लिए जिस पद पर प्रतिष्ठित किया जाता है, उसे पूरा न कर पाने के बावजूद वह पद पर बना रहता है और सारी सुविधाओं का भोग करता रहता है। यही देश के लिए सबसे बड़ी विडम्बना है। कवयित्री ने गंगा माँ से प्राणियों की कौन-सी प्यास बुझाने की अपेक्षा की है, इसका नामोल्लेख न करके पाठकों के ऊपर छोड़ दिया है कि वे ही अपनी स्थिति-परिस्थिति और मनोदशा के अनुसार व्यंग्यार्थ ग्रहण करके सम्पूर्ण कविता से संगति बनाएँ।

प्रीत के रंग कविता में जब कवयित्री कहती है-

न ही कोई गिला न शिकवा रहे
न ही कोई द्वेष रहे मन में

सब मिलके गले ख़ुशियाँ बाँटें
जिसे देख प्रकृति भी झूम उठे।

तो उसका अभिप्राय केवल अबीर और गुलाल लगाना ही होली का उद्देश्य नहीं है। इस छोटी-सी कविता में इस शाश्वत सत्य की व्यंजना है कि सृष्टि के सबसे बुद्धिमान और ज़िम्मेदार प्राणी का यह परम कर्तव्य है कि वह भौतिक रंगों से अलग हटकर आत्मिक प्रीति के रंग से प्रत्येक रचना के साथ आठों याम होली खेले। ऐसा करके ही वह सृष्टि में समरसता स्थापित कर पायेगा। वह कहना चाहती हैं कि जिस होली की शुरूआत विश्वमानव-समुदाय में हो चुकी है, उसमें प्रीति का नहीं, अपितु नफ़रत का रंग बरस रहा है, जिसे प्रकृति अधिक दिनों तक सहन नहीं कर पायेगी। परिणाम की कल्पना उन्होंने मानव पर छोड़ दिया है।

डॉ. विमला जी की प्रत्येक कविता अपने अभिधार्थ में जो व्यंग्यार्थ छिपाये हुए है, उसे अनावृत्त करने का श्रम कर लेने पर अंतर का जो अमृत-कलश प्राप्त होता है, उसके माधुर्य से तृप्त हुआ व्यक्ति क्षण भर के लिए रसास्वादन को भूल जाता है। उनकी 'यादें' शीर्षक कविता जहाँ स्मृति की तीव्रता की दुसह्य पीड़ा की व्यंजना करती है, वहीं उसके द्वारा होने वाले अश्रुपात में समाहित शान्ति और तज्जन्य मानसिक स्वास्थ्य को भी लक्षित करती है-

हाँ मिलता है सुकूँ मुझे
बस रोने के बाद

शायद इसीलिए
रूलाती है तेरी यादें।

डॉ. विमला जी की प्रत्येक रचना गुरूगम्भीर भारभारित है, इसलिए उसकी एक-एक पंक्ति विस्तृत व्याख्या की अपेक्षा रखती है। इस काव्य-ग्रन्थ को पढ़ने के बाद मुझे यही समझ में आया कि कवयित्री के हृदय में एक और हृदय है जिसके तार पिछले जन्मों के दैवी संस्कारों से जुड़े हुए हैं और जो अवसर पाते ही प्रकट होकर अपने अनन्त आह्लाद का परिचय देने लगता है। वह हृदय अपना स्वतंत्र अस्तित्व लेकर जीवित रहना नहीं चाहता, बल्कि किसी

सौन्दर्यानन्द सागर में समाहित होकर वह मधुर विश्राम का अभिलाषी है। जब वह समर्पण को उद्यत होना चाहता है, तभी परिवार और परिवेश से मिला हुआ स्वाभिमान सत्याग्रही विद्रोह कर देता है। इसलिए इच्छित प्राप्तव्य को प्राप्त न कर पाने का मलाल अन्तर्मन को शान्ति से बैठने नहीं देता। वह सदैव अतृप्ति के रस में निमग्न रहता है और समय-समय पर हृदयोद्गारों के साथ शब्दों के सहारे स्वयं को प्रकट करता है। इसीलिए विमला जी की कविताएँ गुरू-गम्भीर हो सकी हैं।

डॉ. विमला व्यास जी की कविताओं की भाषा सरल, सरस एवं प्रसंगानुकूल है। अरबी-फ़ारसी के प्रचलित शब्दों के प्रयोग से उसमें विशेष अर्थवत्ता आ गयी है। सम्पूर्ण कविताओं की भाषा में श्रुति-मधुर शब्दों का ही प्रयोग किया गया है। भावों की अभिव्यक्ति में भाषा पूर्ण सफल है। कवयित्री ने भाषा को अलंकारों से अलंकृत करने का प्रयास कहीं नहीं किया है। जो अलंकार आये भी हैं, वे आयातित नहीं हैं।

सब मिलाकर डॉ. विमला व्यास जी का 'अनहद् बाजे: वीणा मन की' नामक काव्य-ग्रन्थ भाव और भाषा, दोनों ही दृष्टियों से श्रेष्ठ है। मुझे विश्वास है कि यह रचना हिन्दी साहित्य को विशेष समृद्धि प्रदान करेगी। इस श्रेष्ठ रचना के प्रणयन के लिए मैं डॉ. विमला जी को हार्दिक बधाई देता हूँ और उनके दीर्घ, क्रियाशील और स्वस्थ जीवन की मंगलकामना करता हूँ।

डॉ. मिथिलेश कुमार त्रिपाठी
प्रोफ़ेसर, हिन्दी विभाग,
स्नातकोत्तर महाविद्यालय,
पट्टी, प्रतापगढ़ (उ.प्र.)

मन की बात

विंध्य पर्वत की ख़ूबसूरत पर्वत श्रृंखलाएँ, कल-कल करती सुरसरि मंदाकिनी, कामदगिरि पर्वत से झर-झर बहते झरने, हरिताभ-कानन में फलों से लदे वृक्ष, पुष्पगुच्छ से आच्छादित लताएँ, स्वस्थ सुरभित समीरण और नीला अनंत आकाश, यह सब किसी कवि की कल्पना नहीं है, यह है हमारी जन्मभूमि चित्रकूट जहाँ आज भी हमारी आत्मा का बसेरा है।

विश्व वसुंधरा का हृदय स्वरूप भारत देश और उसमें भी वह चित्रकूट धाम, जहाँ विभिन्न प्रकार के संतो, तपस्वियों तथा पुण्यात्माओं के पुण्य-परमाणुओं का सघन आच्छादन है। जहाँ निर्मल नीरा मंदाकिनी और गुप्त गोदावरी के सलिल सुधा कणों के भार से आर्द्र पवन का मंद मंथर प्रसार है। जहाँ की मिट्टी का प्रत्येक परमाणु "परित्राणाय साधूनाम् विनाशाय च दुष्कृताम्" के भाव रसामृत में डूबा हुआ है। जिसे भगवान श्रीराम ने धर्मपत्नी सीता और बंधु लक्ष्मण के साथ निर्वासित जीवन बिताने के लिए सबसे निरापद स्थान माना था। जहाँ के पर्वत परिवेष्ठित वनांचलों में भगवान श्री राम, लक्ष्मण और सीता जी से संबंधित विविध स्मृतियाँ आज भी हृदय में ना जाने कितनी सुखद अनुभूतियों को उद्दीप्त कर रही हैं। जहाँ की सीमा में पहुँचते ही मानव मन समस्त प्रकार की दुश्चिंताओं से मुक्त होकर गहन शांति में डूब जाता है।

वहाँ की पावन वसुंधरा की गोद में प्रतिष्ठित ब्राह्मण परिवार में, मेरी माता श्रीमती चमेली देवी तिवारी जी, पिता श्री अवधेश कुमार तिवारी जी एवं दादा जी श्री राम प्रसाद तिवारी 'ब्रम्हचारी जी' के घर पर मेरा जन्म लेना भी सकारण है। विधाता के सृष्टि-विस्तार में मेरा भी कोई रचनात्मक योगदान है अन्यथा विज्ञान वर्ग की छात्रा और शिक्षिका होकर भी मैं रसात्मक साहित्य की असीम माधुरी में इस प्रकार से गहरे ना उतरती चली जाती। 'अनहद बाजे: वीणा मन की' काव्य संग्रह के प्रणयन की भी एक दिलचस्प कहानी है।

मेरे विचार से कविता सत्य की खोज है। मैं इस विषय पर आधुनिक युग के सुप्रसिद्ध कवि अज्ञेय के विचारों से ताल्लुक रखती हूँ। वह कहते हैं कि -

यूँ तो मैं कवि हूँ, आधुनिक हूँ, नया हूँ,
पर काव्य सत्य की खोज में कहाँ नहीं गया हूँ।

जब हमारे अंतस के भाव अति संवेदना अथवा हर्षातिरेक से अनुप्राणित होते हैं, तब वह शब्दों के रूप में स्वतः स्फुरित होकर बाहर आते हैं और कविता का जन्म होता है। सृजनात्मकता दैवीय कृपा है, जो मुझे जन्मजात मिली है। मुझ पर माँ वागेश्वरी की अतिशय कृपा रही है बाल्यकाल से ही, इसी कारण मैं अपने आंतरिक मनोभाव कविता के रूप में ढालने में ख़ुद को समर्थ पाती हूँ।

मैं चित्रकूट धाम जैसे पवित्र स्थल में जन्म लेकर स्वयं को धन्य मानती हूँ। ऐसे मधुरिम वातावरण को प्राप्त कर मैं बचपन से ही प्रकृति प्रेम एवं सारस्वत साधना में संलिप्त हो गयी। जब मैं कक्षा पांचवीं में पढ़ रही थी तभी से विद्यालय के सांस्कृतिक समारोहों में भाग लेकर और प्रतिनिधित्व करके मुझे स्वयं सृजन की प्रेरणा प्राप्त हुई। जिसमें माता पिता एवं गुरुजनों का भरपूर सहयोग और प्रोत्साहन मिला। जिस से प्रेरित होकर मैंने अपनी प्रथम कविता 9 वर्ष की उम्र में लिखी और उसे माँ सरस्वती के चरणों में समर्पित कर दिया।

मेरी प्रथम कविता 'वाणी वंदना' यहाँ उद्धृत है।

वाणी वंदना

जय सरस्वती सुमिरतवती
सुख यशमती सुख मतमती
वीणावती ध्रुव द्रुतमती
जय जयति जननी सरस्वती

वागेश्वरी विभरूपिके
वरदेहयी वरदेश्वरी
मंगलमयी मह भगवती
तू शांति रूपे सारिके

घर-घर दया आनंद की
धारा बहे रुचि रसभरी
हे त्रैलोक्य पूज्या
विद्यादान करियो
याचना तुमसे यही।

इस प्रकार बाल्यावस्था में ही मेरी सृजन यात्रा का शुभारंभ माँ वीणापाणि के आशीर्वाद से हुआ। इसी अवधि में साक्षात प्रेम की प्रतिमूर्ति मेरी माता जी ने मुझे जहाँ एक ओर प्रेम करुणा दया और मैत्री का पाठ पढ़ाया वहीं दूसरी ओर पिता जी ने साहस निर्भीकता आत्मसम्मान का पाठ पढ़ाया। मेरे पिता जी द्वारा शिक्षा के साथ-साथ सांस्कृतिक साहित्यिक कार्यों में मेरी अभिरुचि को भरपूर प्रोत्साहन मिला। विज्ञान की विद्यार्थी होने के नाते समय कम मिलने के बावजूद साहित्य सृजन भी साथ-साथ चलता रहा। जिसका बीजारोपण मेरे बालमन की भावभूमि पर बचपन में ही हो चुका था। महान साहित्यकारों की रचनाओं को पढ़ने और सुनने का प्रोत्साहन मुझे परम पूज्य दादा जी से मिला जो हम सब भाई बहनों को बाल्यकाल से ही शिक्षाप्रद कहानियाँ और अपने संस्मरण सुनाकर जाने-अनजाने हमारे हृदय में प्रेम स्नेह करुणा दया परस्पर सहयोग जैसे मानवीय गुणों का प्रतिस्थापन करते रहे।

चित्रकूट से हाईस्कूल की परीक्षा पास करने के बाद मुझे उच्च शिक्षा के लिए घर से बाहर हॉस्टल भेज दिया गया पर बचपन में रोपित साहित्य सृजन तथा सनातन संस्कार के वह बीज धीरे-धीरे पेड़ बनकर पल्लवित पुष्पित होने लगे और मैं अपने एहसासों को अल्फाज़ के रूप में कोरे कागज पर अनवरत बिखेरकर कविताओं का सृजन करती रही। जिन्हें कॉलेज और विश्वविद्यालय के मंचों पर ख़ूब सराहा गया। मैं छात्रा तो विज्ञान की थी पर साहित्य मेरे रगों में

रुधिर की तरह बह रहा था।

समय के साथ में बड़ी होती गयी, शिक्षा भी पूर्णता की ओर थी। उस समय मैं पूरब के ऑक्सफ़ोर्ड कहे जाने वाले प्रतिष्ठित इलाहाबाद विश्वविद्यालय के रसायन विज्ञान विभाग में पीएच. डी. कर रही थी। मेरा शोध कार्य क़रीब-क़रीब पूरा हो चुका था। इसी समय इलाहाबाद के जाने माने व्यवसायी परम आदरणीय श्री रूप व्यास जी के साथ मैं परिणय सूत्र में बँध गयी। सुदर्शन व्यक्तित्व के धनी मेरे जीवन साथी बेहद सहज सरल और नेक दिल इंसान थे। वह मेरे परम मित्र थे और उनका भरपूर सहयोग मेरे हर कार्य में मुझे मिला।

सनातन काल से ऋषियों की यज्ञभूमि रही संगम नगरी प्रयागराज, जो देश के महान कवियों की कर्मभूमि भी रही है, मेरी कर्म भूमि बन गयी। मेरी साहित्यिक यात्रा को एक नया आयाम मिला। इलाहाबाद विश्वविद्यालय की महान सांस्कृतिक, साहित्यिक, राजनैतिक और बौद्धिक पृष्ठभूमि ने मुझे वह सब कुछ दिया जिसकी उम्मीद के साथ मैं शिक्षा के मंदिर की पवित्र भूमि में दाख़िल हुई थी। छायावाद की त्रिमूर्ति पंडित सूर्यकांत त्रिपाठी निराला, महिषी महादेवी वर्मा एवं सुमित्रानंदन पंत के साथ ही हरिवंश राय बच्चन जी भी इलाहाबाद के ही निवासी थे। जिनसे साक्षात्कार का अवसर अक्सर मिलता रहा। जिनके श्री मुख से उनकी कविताएँ सुनकर और उनके लेखन को पढ़कर, मेरा परिचय धीरे-धीरे काव्य सौंदर्य की बारीकियों से होने लगा और मानव जीवन के सत्य अनुभव मेरे काव्य का 'साध्य' बन गये और मेरे मर्मस्पर्शी शब्दों का सौंदर्य उसका 'साधन'।

मेरे हृदय की काव्य गंगा का प्रवाह मेरे प्रिय जीवनसाथी से बिछड़ने के बाद बेहद तीव्र हो गया। उनके अशर्त असीम प्रेम की अनहद यादें अश्रु बनकर मेरे नैनों की कोरों से बरबस ही टपकने लगती और कोरे कागज पर शब्द ब्रह्म के रूप में बिखरकर एक नयी कविता बन जाती। काव्य साधना के वक़्त मुझे कवि सुमित्रा नंदन पन्त जी की ये पंक्तियाँ अक्सर याद आती हैं -- 'वियोगी होगा पहला कवि, आह से उपजा होगा गान, निकलकर आँखों से चुपचाप, बही होगी कविता अनजान'

पिछले पांच दशकों से यह काव्य प्रवाह अनवरत जारी है और मेरे 'मन की वीणा' अनहद बजती ही जा रही है। अब मेरी काव्य साधना आत्मा से परमात्मा तक की यात्रा में तब्दील हो गयी है। इन कविताओं को अगर आप

दिल से महसूस करेंगे तो इनमें आपको मीरा और राधा दोनों के अनहद प्रेम की अनुभूति होगी। मेरी कविताएँ सुधि पाठकों को द्वैत से अद्वैत का अद्भुत दर्शन करवाती हैं।

यह काव्य संग्रह 'अनहद बाजे: वीणा मन की' इन्हीं कविताओं में से चयनित ---- छोटी-बड़ी मुक्तछंद कविताओं का संग्रह है जो आपके समक्ष प्रस्तुत है। जो हमारे देश के सर्वाधिक प्रतिष्ठित संस्थान 'अंजुमन प्रकाशन' के माध्यम से आज आपके हाथों तक पहुँची है।

मेरी इस लेखन यात्रा को उत्साह पूर्वक संचालित रखने में सबसे बड़ा योगदान मेरे परम प्रिय मित्र व जीवन साथी आदरणीय श्री रूप व्यास जी को जाता है जिनके अनहद प्रेम की मधुर स्मृतियाँ कविताओं के रूप में आपके समक्ष प्रस्तुत है। मैं उनकी पवित्र आत्मा को सादर नमन करते हुए उन्हीं के चरणों में यह काव्य संग्रह समर्पित करती हूँ।

मेरे भाई समान डॉ. मिथिलेश कुमार त्रिपाठी जी ने इस संग्रह का आमुख लिखा है। उनकी विद्वता को सादर प्रणाम करते हुए मैं उन्हें हृदय से धन्यवाद देती हूं। विनम्रता और प्रबुद्धता दोनों एक साथ बहुत मुश्किल से मिलती है। डॉ. मिथिलेश जी इसका जीता जागता उदाहरण है।

मैं व्यास एवं तिवारी परिवार के सभी छोटे बड़े सदस्यों विशेषतः अपने अतिप्रिय पुत्र द्वय शिवम और सत्यम को मैं हृदय से धन्यवाद देती हूं। जिन्होंने इस संकलन को प्रकाशित करने के लिए हमेशा मुझे प्रेरित किया और वांछित सहयोग दिया है। आपके अशर्त प्रेम के प्रति आपकी माँ का हृदय अनुग्रह के भाव से भरा हुआ है।

मुझसे सोशल मीडिया के माध्यम से जुड़े सभी परिचित अपरिचित सुपरिचित शुभचिंतकों, प्रशंसकों एवं मित्रों को मैं हृदय से धन्यवाद देती हूँ। आप सभी की प्रतिक्रियाएँ एवं प्रोत्साहन मेरे परिष्कार का हेतु है।

मेरे व्यक्तिगत निर्माण में मेरी जन्मभूमि चित्रकूट व मेरी कर्मभूमि प्रयागराज दोनो का विशेष योगदान रहा है। मेरी रचनाओं में आप सुधी पाठकों को इन दोनों पवित्र स्थलों का स्पष्ट प्रभाव दिखाई देगा। मेरी भावभूमि में चित्रकूट आज भी वर्तमान है। इस अस्तित्व के कारक परम आदरणीया माता जी और पिताजी की मैं ताउम्र आभारी हूँ।

मेरे सर्वस्व मेरे जीवन के आधार मेरे आराध्य जगद्गुरु योगेश्वर श्री कृष्ण के अनहद प्रेम एवं माँ वीणापाणि की अहेतुकी कृपा हेतु मैं उनके चरणों में साष्टांग प्रणाम करते हुए उन्हें हृदय की अतल गहराइयों से धन्यवाद देती हूँ। मेरे परम पूज्य गुरुदेव पंडित श्री देव प्रभाकर शास्त्री 'दद्दा जी' के सद्विचार मेरे पथ प्रदर्शक बने। मैं उनके चरण वंदन करती हूँ।

पूज्य माता जी, पिताजी और मेरे परम प्रिय जीवन साथी श्री रूप जी से मिला हुआ अनहद प्रेम मेरे जीवन की पूँजी है। उनके श्री चरणों में साष्टांग प्रणाम करते हुए अपनी इस प्रथम साहित्यिक कृति 'अनहद बाजे: वीणा मन की' आप साहित्य प्रेमियों कवियों एवं सुधि पाठकों को सादर समर्पित करती हूँ, इस आशा के साथ कि मेरी कविताएँ और इनके गर्भ में छिपे गहरे मनोभाव आपके दिल की गहराइयों को स्पर्श करके आपको प्रकृति व जीवन के सत् दिव्य प्रेम स्वरूप से रू-ब-रू करवाते हुए आनंद से परमानंद की सुखद यात्रा में ले जायेंगे।

डॉ. विमला व्यास

शिव संकल्पमस्तु....
प्रयागराज, उत्तरप्रदेश
भारत

अनुक्रम

कविताएँ

तुम्हारे लिए

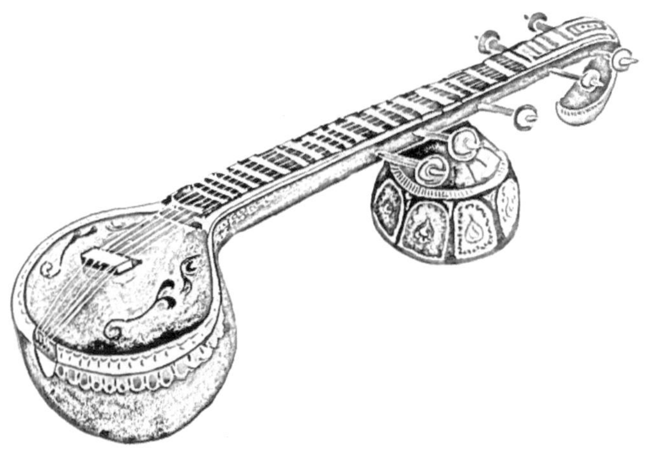

कविताएँ

दिल में...

सुनो ना

क़तरा-क़तरा
मिलती है ये ज़िन्दगी
तो क्या ?

ख़ूब हँसना और हँसाना
किसी की आँखों से
अश्कों को चुराना

और
ओस की
बूँदों की तरह
सुर्ख़ कमल के
दिल में सजाना।

तुम जैसा...

बे-इन्तिहा
कोशिश की मैंने

इस बावरे दिल को
रंग-बिरंगी
दुनिया में लगाने की

पर ये लगा नहीं

हर गली हर मोड़ पे
'खोजा' मैंने पर
तुम जैसा कोई मिला नहीं।

इंद्रधनुष

माना कि

'चाँद'
जब भी निकला
वो 'तन्हा' था

सूरज से मिलना ही
उसका इक सपना था

गर तू देखे
पलकों की चिलमन से

'इन्द्रधनुष' का
निकलना ही
उनका मिलना था।

शिल्पकार

मैं हूँ
एक 'शिल्पकार'

गढ़ती हूँ
'मानव मूर्ति'
तराश-तराशकर

समर्पित हूँ
'पूर्णता' में इस
अंतहीन 'लक्ष्य' को

मक़सद है मेरा
सृजित हो बस
एक ख़ूबसूरत संसार।

बीते हुए लम्हे

सुनो ना

बीते हुए
लम्हों को डायरी में
उकेरने की वजह भी तो
'तुम ही हो ना'

जब भी
तुम्हारी यादें बेतहाशा
बेचैन करती हैं मुझे

बस उन्हीं
पन्नों को पलटकर
जी लेते हैं तुम्हें 'आज भी'।

नादाँ दिल

सच में
बेहद हैराँ हूँ
परेशाँ हूँ मैं

ये 'नादाँ दिल'
न जाने क्या कर बैठा

मुझसे पूछा ही नहीं
और फ़ैसला कर बैठा

जिस ज़मीं पर कभी
टूटा सितारा भी नहीं गिरता

उसके कण-कण से
न जाने क्यूँ?
बेपनाह मोहब्बत कर बैठा।

ख़ामोश लम्हे

काश
तुम्हें एक
फ़ोन कर पाते
तो सुकूँ मिल जाता

नहीं मिलता
'चैन' यादों को
खगालने से भी

जब दिल हो बेचैन
किसी अज़ीज़ की
आवाज़ सुनने के लिए

काश
ये ख़ामोश लम्हे
हम बदल सकते
तुम्हारे लफ़्ज़ों की महक से।

जीने की वजह

तेरी ही
ख़ुश्बू से
महकती है रूह मेरी

एहसासे-मोहब्बत
हर हद को पार करती है

ख़ुद को
मिटाकर हो जायें
फ़ना इक दूजे पर

बस यही आरज़ू
मुझे 'जीने की वजह' देती है।

लौटा देना मुझे

सुनो

निकली थी मैं
तुझे ढूँढ़ने, पर
अब मैं ख़ुद ही
एक तलाश हूँ

अगर मिलूँ तुझे
भूली-भटकी, कहीं
ज़िन्दगी की राह में
तो लौटा देना मुझे।

वो मंज़र...

मेरे दोस्त
देखना इक दिन
वो मंज़र भी आएगा

जब ढूँढ़ोगे
तुम मुझको
हर इक चेहरे में

तब
हम न होंगे
तुम्हारे आसपास

लेकिन हमारी
याद भी आएगी और
आँखों में समुन्दर भी आएगा।

कहो ना...

सुनो
ये ज़मीं भी उसी की
आसमाँ भी उसी का है

ज़मीं की सारी नेमतें
मैं भी, तू भी
ये दर-ओ-दरख़्त औ
ठिकाना भी उसी का है

सुनो
ज़रा जाकर
कहो ना 'ख़ुदा' से

कभी 'ख़ुद' भी
तशरीफ़ लाये
हमारे ग़रीबख़ाने में।

सिर्फ़ तेरी...

सुनो

जब तुम नहीं थे
'ज़िन्दगी' में मेरी
मैं 'जी' तो रही थी
पर 'ज़िन्दा' नहीं थी

बहुत दूर थी मैं
ख़ुद की ख़ुदाई से
बेशक साथ थी मेरे
सारी क़ायनात

जब भी झाँका
दिल-ए-महफ़िल में
अक्सर पाया ख़ुद को
बेहद तन्हा और उदास

नादाँ रूह को शायद
सिर्फ़ और सिर्फ़
तेरी ही 'तलाश' थी।

अनन्त मौन

शब्द ही
अमरत्व की
अचूक संजीवनी हैं

जब प्रियतम के चिंतन या
उसके स्नेह द्वारा सृजित
भाव तरंगों के प्रभाव से
प्रियतमा का 'मूर्छित मन'
भाव विह्वल हो उठता है

तब यही शब्द, उसे
जीवन देते हैं

किन्तु
हमारे मध्य का संवाद सेतु
तो 'अनन्त मौन' है

फिर हमें
'अमरत्व कैसे मिलेगा'?

फ़ितरत रिश्तों की

रिश्तों की
फ़ितरत तो
एकदम जुदा है

टूटकर भी रहते
ये ज़िन्दा दिलों में

बेहतर है इनको
निभाएँ वफ़ा से

बस यही इल्तिजा है
मोहब्बते-ख़ुदा से

नवाज़े तू अपने
रहमो-करम से

मेरे अपनों में
मुझको जीना सिखाये।

आने वाला कल

ज़िन्दगी
इक एहसास
चंद लम्हों का है साज़

होकर मगन
इसके सुर में तुम
जी लो, अपना आज

क्योंकि
कोई नहीं जानता
आने वाले 'कल' का राज।

हमें उनसे...

फ़ितरत
नहीं हमारी
'बदलना' मौसम की तरह

करेंगे 'इंतज़ार'
उनका 'क़यामत' तक

रौशन करेंगे
इस जहाँ को
दीपक की लौ बनकर

कसम ख़ुदा की
हमें उनसे है मोहब्बत बेपनाह।

जुदा होना

क्या होता है ?
किसी अपने से जुदा होना

किसी परिंदे का
रूह-ए-क़फ़स से उड़ जाना

कौन माप पाया है
इख़्लास की गहराई को

रूहानी रिश्तों को
आसाँ नहीं समझ पाना।

दर्द-ए-दिल

सुनो

याद है तुम्हें?
मैंने पहले भी कहा था
कि मिरी रूह के सफ़ों पर
सदियों से सिर्फ़
तेरा ही नाम लिखा था

मगर आज
तुमसे मिलने के बाद भी
गुजर रही है ज़िन्दगी तन्हा

फिर भी
जिन ख़्वाबों के
लम्हों में तुम मौजूद नहीं

ऐसे किसी ख़्वाब की जुस्तजू
इस दर्द-ए-दिल को आज भी है।

खेल नियति का

जीवन पथ पर
चलते- चलते
कुछ दोस्त मिले
कुछ बिछड़ गये

शायद
ये नियति का खेला है
कहाँ, कोई साथ निभाता है

दुनिया के
इस मेले में कोई
चलकर पार निकलता है
कोई भीड़ में ही खो जाता है।

कुछ ख़ास

मेरी साँसों में
कुछ ख़ास लिख दो

जो कभी ख़त्म न हो
वो एहसास लिख दो

अब तो ख़ुद की
तलाश भी ख़त्म हो गयी है

बस मेरी हथेली पर
अपना नाम लिख दो।

ये कैसी अनुभूति

ये कैसी अनुभूति
आख़िर किसकी 'आहट'

रूह हुई 'रूहानी'
स्पंदित है 'तन-मन'

शायद
ख़याल-ए-अनहद

जो कर गया मुझको
'असीम और अनंत'।

तेरी ही परछाई में

जब भी
तन्हा हो
और अकेले हो
याद आये
मेरी जुदाई में
होना कभी न
तुम 'विह्वल'
बस स्थिर मन हो
महसूस करो, मैं वहीं
तुम्हारे 'आसपास'
जरा ध्यान करो
प्रभु चरणों का
झाँको अपने
'अंतर्मन' में
गर 'खोज' सके
तो पाओगे, मैं हूँ
'तेरी ही परछाई में' ।

फ़रिश्ते ज़मीं पर

ऐ ख़ुदा तेरा
लख-लख शुक्रिया

नवाज़ा तूने मुझे
'दोस्ती' के बेहद
अनमोल रिश्ते से

फ़ख़्र है मुझे
अपने 'दोस्तों' पर

क्यों कि वो

सिर्फ़ दोस्त नहीं
बल्कि आसमाँ से सीधे
ज़मीं पर उतरे 'फ़रिश्ते' हैं।

मैं हूँ कविता

छुपाये हैं
हमने, ना जाने
कितने एहसास

अपनी कविता के
इक-इक लफ़्ज़ में

क्यों कि
ये 'कविता' नहीं
ये तो 'मैं ख़ुद हूँ'

जो बहती है लफ़्ज़
बन के कोरे काग़ज़ पे

तलाश में हूँ
'स्वतः' की
कालांतर से

बस ख़ुदी में ख़ुद को
खोज रही हूँ

अब 'ख़ुदा जाने' तुम मुझे
कितना समझ पाते हो।

अच्छा लगता है

मुश्किल राहों पर भी चलकर
अपनी मंज़िल ख़ुद तय करना
हमको अच्छा लगता है

दोस्त हमारे निश्छल मन हों
उनसे सच्ची दोस्ती निभाना
हमको अच्छा लगता है

गर टकराये दुश्मन भी
चलते-चलते राहों में
उनकी भी कुशल पूछना
हमको अच्छा लगता है

ख़ुद का दर्द छुपा सीने में
ख़ुशबू की सौग़ात लिये
रब से सदा मुस्कुराकर मिलना
हमको अच्छा लगता है।

कुछ भी नहीं

सुनो
तुम
जब भी
आओगे मुझे
खोया हुआ पाओगे

अब मेरी
तन्हाई में तुम्हारी
यादों की परछाईं और
चन्द ख़्वाबों के
सिवा कुछ भी नहीं

ख़फ़ा
न होना देखकर
हालाते ख़्वाबगाह तुम

अब इस
घरौन्दे में हमारी
बिखरी हुई ख़्वाहिशों और चंद
किताबों के सिवा कुछ भी नहीं।

जो तुमको अच्छी लगती है

हम लिखते हैं उस भाषा में
जो तुमको अच्छी लगती है
जहाँ तुम्हारा नाम आये
वो गाथा अच्छी लगती है

तुम तो अलख निरंजन हो
हृदय में बसते हो सबके
दिल की हर इक धड़कन में
तेरी मौजूदगी अच्छी लगती है

सूरज ढला और चाँद निकला
झिलमिल तारों की बारात लिये
तेरे दीदार की ख़्वाहिश में
रातों की तन्हाइयाँ अच्छी लगती है

रात की उस नीरवता में
अंतरिक्ष में कुछ हलचल सी हुई
तेरे क़दमों की आहट सुन दिल में
बज उठी शहनाइयाँ अच्छी लगती हैं

तेरी 'कृति' को सबने 'जग' माना
मैंने हर 'कृति' में 'तुझको' जाना
तेरी रहमतों की बारिश में भीगी
झीनी चुनरिया अच्छी लगती हैं।

सिर्फ़ तुम ही तुम

न जाने
कैसा जादू है
तेरी निगाहों में
कर देती हैं मदहोश मुझे
'बिन बोले ही'

भर देती हैं सूने अंतस को
प्रेमानंद के दिव्य एहसास से

भूल कर सारे
गिले-शिकवे
खो जाती हूँ इक सुनहले संसार में
मिलता है
'सुकून-ए-अनहद'
तड़पती रूह को

तुझसे एकीकृत होते ही
विलीन हो जाती हूँ
सच्चिदानंद रूपी महासागर में

सागर से
मिलन की प्यास लिये
अविरल बहती गंगा की भांति

तब मैं नहीं,
सिर्फ़ 'तुम ही तुम'
होते हो मुझमें 'सम्पूर्णता' में।

तुम्हारे आग़ोश में

ओ समुन्दर
मुझे बेहद प्यार है तुमसे

मेरे अंदर की नदी प्रतिपल
आकर्षित होती रहती है
तुम्हारी ओर

तुम्हारे क़रीब
रेत पर घन्टों बैठकर
मैं निहारती रहती हूँ
आती जाती लहरों को

देखती रहती हूँ तुम्हें
शांत ख़ामोश
आस पास के लोग
मुझे दिखने ही बंद हो जाते हैं

लहरें और मैं
इक दूजे में खो जाते हैं
अपने-अपने 'अस्तित्व' को मिटाकर
तुमसे 'एकाकार' हो जाते हैं

बस तुम्हारे 'आग़ोश' में
सदा-सदा के लिए 'विलीन' हो जाते हैं।

ख़ुदा का करम

तू ही
तो महकता है
मेरी साँसों में ख़ुशबू बनकर

महफ़ूज़ है
तेरे ही करम से
मेरे दिल की धड़कन भी

बसता है
मेरे हर ख़्वाब में
बिन बुलाये मेहमाँ की तरह

फिर
कैसे न करें?
याद तुझे
जब 'ख़ुदा' ने
'ख़ुद' ही गढ़ा है तुझे
सिर्फ़ और सिर्फ़ 'मेरे लिए'।

वो एक रिश्ता था

तुम रूठे
हम भी रूठ गये

तुम जीते
हम तो हार गये

इस हार-जीत के
चक्कर में, जो 'टूटा'
वो एक 'रिश्ता' था

मिलता का शायद
उसकी यही 'नियति' थी
सँवरने से पहले ही 'बिखर' गया।

फिर मुस्कुरा...

गर मेरे कान्हा
फिर मुस्कुरा दें
बंसी की सुमधुर
तान सजा दें

भूलकर तफ़रीद
दरियाए ग़मों की
बिछाऊँगी पलकें
क़दमों पे उनके

चिराग़े-मोहब्बत से
रौशन हो हर पल
ज़िंदगानी न्योछावर
'ख़ुदा-ए-जहाँ' को।

मोड़ ज़िन्दगी के

कौन जाने
किस-किस मोड़ से
गुज़रेगी राह-ए-ज़िन्दगी

कोई आयेगा कोई जायेगा
कभी कोई अनजाना भी
भूले-भटके मिल जायेगा
अपनों सा एहसास दिलायेगा

कोई दिल का करार चुरायेगा
आँखों की नींद उड़ा ले जायेगा
कोई ग़ैरों की ख़ातिर
अपनों को छोड़ जायेगा।

कोई बेवजह रुसवा हो जाये
उसे मनाना लाज़मी हो जायेगा

पर जिसने तुम्हें भुला दिया है
उसे भूलने की तुम भी दुआ करो।

ख़ुदा जाने
किस-किस मोड़ से
गुज़रेगी राह-ए-ज़िन्दगी।

सुरमई ख़्वाब

पता नहीं वो किसका साया
किसकी थी वो मधुर छुवन

फ़लक पे उतरा कोई सितारा
उकरे जिसके लब-ओ-निसाँ

चूमा उसने सोती पलकों को
आँखों में उभरा अक्स नया

नींद से जागे, पलकें खोली
था सब ओझल-ओझल सा

ख़्वाबों के सुरमई नज़ारे
आये थे बचाने जीवन मेरा।

पुनर्मिलन की चाहत में

सोचा न था
कभी ख़्वाब में भी
होगा तुमसे दीदार मेरा

खो बैठूँगी
सुध-बुध अपनी
तुममें होगा संसार मेरा

तुमसे
पुनर्मिलन की चाहत में
व्याकुल है अंतर्मन मेरा

प्रिय दर्शन की
प्यासी अँखियों को
हर पल है इंतज़ार तेरा।

कुछ लोग सोचते हैं

ज़रा
होशियार क्या हुए
उल्फ़त बदल गयी

अमीरी की
अंध दौड़ में
'नीयत' बदल गयी

ख़ुदगर्ज़ी
जब बढ़ी तो फिर
'सीरत' बदल गयी

ऐ ख़ुदा
अफ़सोस कि
हम, हम नहीं रहे

पूरी की पूरी
'शख़्सियत' बदल गयी।

अपना कुसूर
दूसरों के सर पे डालकर
कुछ लोग सोचते हैं कि
'हक़ीक़त' बदल गयी।

सुबह-ए-इंतज़ार

सुनो

तुमसे बेइंतिहा मोहब्बत
यूँ ही नहीं हुई इसकी
कोई न कोई वजह भी होगी

तुम्हारे दिल में
'मेरे लिए' आज न सही
कभी तो थोड़ी जगह भी होगी

मेरी तक़दीर अभी
मुझसे रूठी है तो क्या?
कभी तो हमारी सुलह भी होगी

आज घिर आयी है
अँधेरी रात मेरी
ज़िन्दगी में तो क्या?
कभी तो इसकी 'सुबह' भी होगी।

अहले-सबब क्या है

कभी-कभी
उसके ख़्वाब
मुझे नींद में भी
रुला जाते हैं

सहर होते ही
'भीगे' हुए
तकिए के कवर

हमारी रातों की
मुलाक़ातों की
गवाही दे जाते हैं

आँख खुलते ही
छिपती फिरती हूँ
दुनिया की नज़रों से

कहीं कोई
सूजी हुई आँखों को
देखकर पूछ न बैठे मुझसे

आख़िर
इन मुलाक़ातों का
अहले-सबब क्या है?

प्रीत की डोर

डोर प्रीत की तुम संग बाँधी
पल प्रति पल तुझमें खो जाऊँ

शब्द- स्वर यूँ मौन हुए अब
जैसे सुर बिन साज़ सजाऊँ

राग-रंग सब फीके पड़ गये
योगिनि बन तेरा साथ निभाऊँ

नीर भरी बोझिल अंखियन बिच
नित्य नये तेरे ख़्वाब सजाऊँ

पिया मिलन की प्यासी मैं तो
तुझ बिन अब कहीं चैन न पाऊँ।

तेरी आहट

जब तू मेरे
मन के अंदर और
कहाँ तुझे पाऊँ मैं

'तेरी आहट'
पाकर अक्सर
मन ही मन मुस्काऊँ मैं

आँखें मूँद के
देखूँ तुझको
जग से तुझे छुपाऊँ मैं।

फूल बेचते हैं...

दुआएँ ही
निकलती हैं
इस दिल से हमेशा

फिर चाहे वो दुश्मन ही क्यों न हो

वजह तो बहुत
ख़ुशनुमा है दोस्तो

कुछ और नहीं
बस हम 'फूल बेचते हैं'।

तू मुझमें है

ऐ ख़ुदा

तेरे दर पे आके
ख़ुद को ही भुला बैठे

अब तेरे सिवा
कुछ याद नहीं

वाबस्ता हूँ
इक हँसी
'रूह-ए-ख़याल' से, के
'तू मुझमें है और मैं तुझमें हूँ'।

आज फिर

सुनो

आज फिर
सारी रात तुम
ख़्वाबों में आये

पलकों से लुढ़ककर
कपोलों को भिगोते हुए
लबों को स्पर्श किया
और वापिस चले गये।

वजह मिल जाती

सुनो ना

ये तो कोई
बात न हुई के
बीच राह छोड़
जाओ तुम मुझे

कैसे भूल गये
तुम वादा अपना
पूरी ज़िन्दगी
साथ निभाने का

चलो छोड़ो
वो भी ना सही
कुछ पल ही
ठहर जाते तुम

बन जाते इस दिल की
धड़कन तुम और मुझे
जीने की वजह मिल जाती।

उनकी ये अदा

सुनो

'प्रेम' करने का 'नहीं'

'क़रीब' होकर भी
'मौन' रहने और
नज़रअंदाज़' करने का
हक़ माँगते हैं वो

कितना बेहाल करती है
उनकी ये 'अदा'
'नहीं जानते हैं वो' ।

है क्या प्रेम?

'प्रेम'
कोई 'शब्द' नहीं
जिसे लिख पाओगे

'प्रेम'
कोई 'अर्थ' नहीं
जिसे समझ पाओगे

आख़िर
है क्या प्रेम ?

ये तो इक
सफ़र है 'वीणा' का
गर 'बह' गये तो
बस बहते चले जाओगे।

उनकी ख़ुशी

दिल
दुखाकर
रुलाया पहले
फिर मुख़ातिब हुए
और बोले
ख़फ़ा हो क्या हमसे?
थोड़ा तो मुस्कुराओ

बस मैंने
अपने अश्कों को
छुपाया और पलके उठाई
जैसे ही नज़र पड़ी
उनकी आँखों में
सच में, मैं हँस पड़ी

क्योंकि 'सवाल'
मेरी हँसी का था ही कहाँ?
वो तो 'उनकी ख़ुशी' का था।

उसी ठौर पर

सुनो देव
आज दफ़्तर से
ज़रा जल्दी वापिस आना
हो सके तो..मेरे लिए
तुम्हारा कुछ वक़्त
बचा कर साथ लाना

वर्षों से हमारी कोई बात नहीं हुई
तुमसे मुकम्मल मुलाक़ात नहीं हुई

हाँ, ले आना थोड़ी-सी मुस्कुराहटें
जो सिर्फ़ मेरे लिए हों
ले आना कुछ ख़्वाब सलोने
जो हमने मिलकर देखे थे

उन्हें पूरा भी तो करना है न

पर तुमने तो मुझे छुपा दिया है
कैसे ढूँढ़ोगे इतने बड़े जहाँ में
हाँ.. तुम उसी ठौर पर आना
जहाँ दास्तान-ए-हक़ीक़त हो
और मुहब्बत का अफ़साना

बस इतना ख़याल रखना
घर लौटकर ज़रा जल्दी आना।

प्रीत के रंग

सुना है
आज तो होली है
याद आयी मोहे कान्हा की

कहाँ है अबीर-गुलाल और
रंग-बिरंगे पुष्प कहाँ
जिनकी मदमाती ख़ुश्बू ने
तन और मन को भिगो दिया

ढूँढ़ूँ मैं राधा रानी को
वो भी नज़र न आयें कहीं
कहाँ खोया है वो पवित्र प्रेम
खरा उतरे सच की कसौटी पर

हम बातें करते अहिंसा की
आख़िर वो भी प्रेम स्वरूपा है

न ही कोई गिला न शिकवा रहे
न ही कोई द्वेष रहे मन में
सब मिल के गले ख़ुशियाँ बाँटें
जिसे देख प्रकृति भी झूम उठे

गर संभव है ऐसी होली
इस छद्म स्वरूपा दुनिया में
तो हम भी तुम संग खेलेंगे
मेरे 'प्रियतम' दो पल ठहर ज़रा।

रहमतें ख़ुदा की

कभी
बनते थे हम भी
बहादुर बहुत
देते थे सबको

यही मशवरा
ज़रा
धीरज धरो
थोड़ी हिम्मत रखो
होगा एक दिन
सब 'ख़ुशनुमा'

जहाँ कोई नहीं
वहाँ 'रब' है खड़ा
तू 'अकेला' नहीं
उसका साया बड़ा

लेकिन पता तो
तब चला जब
किसी ख़ास
इंसाँ की कमी
रुलाने लगी
पल-पल मुझे

'यक़ीनन' नहीं
इतनी आसाँ ये
'ज़िन्दगी'
ऐ ख़ुदा तेरी
रहमतों के बिना।

बोलतीं आँखें

आख़िर
ये कैसा बंधन है

जब भी
तेरा दीदार हुआ
उन बोलती आँखों ने
'चुपके' से न जाने
क्या गुफ़्तगू किया?

झाँका मैंने उनके भीतर
'ख़ुद' की तस्वीर नज़र आयी

बेचैन रूह को जैसे सुकूँ मिला
आइना भी अब बेकार हुआ

पर तुम तोआकर चले गये
स्तब्ध मौन मैं खड़ी रही

सुध-बुध अपनी खो बैठी मैं
होश आया तो वहाँ कुछ भी नहीं

अब तुम्हीं कहो
आख़िर ये क्या?

कोई ख़्वाब
खुली आँखों का है या
कोई अनबुझी पहेली है।

तेरी यादें

देखो कान्हा

रातों को नींद मेरी
उड़ाती हैं 'तेरी यादें'

न तो मन को सुकूँ है
न ही दिल को है क़रार
क्योंकि हर छन मुझे
सताती है तेरी यादें

हाँ, मिलता है सुकूँ
बस रोने के बाद
शायद इसीलिए
रुलाती है तेरी यादें

अब तू ही बता
आख़िर हैं क्या?
इस मर्ज की दवा

तेरी बाँसुरी की
मधुर धुन या तेरे-मेरे
मिलन का एहसास

कुंजगलियों में पसरी
चाँद की चाँदनी, या
कदम्ब के फूलों की

मादक सुगंध या फिर
तेरे क़दमों की खनक?

जो कुछ भी है
बस 'तू ही तू है'
'यत्र-तत्र सर्वत्र'

अब आ भी जा
और देख ज़रा
इन बावरे नैनों को, जो
पलकें झपकाना भूल गये
जिन्हें सदियों से है,
सिर्फ़ तेरा 'इंतज़ार'।

सौदागर

इक दिन
एक 'अजनबी' मिला
जो रिश्तों का था सौदागर

मुलाक़ात हुई
कुछ बात हुई
लगने लगा
वो 'अपना' सा

जैसे जन्मों से वो
मेरा हो और
मुझमें ही हो बाबस्ता

गुम होकर
उसके ख़यालों में
तन-मन की
सुध-बुध खो बैठी

अंजान हुई
इस दुनिया से
ख़बर नहीं
कुछ भी मुझको
कब सहर से
देखो शाम हुई

जीने लगी
उसको ख़ुद में
रात और दिन

'चौबीस' घंटे, जैसे
वो मुझ में समाया हो

उसको इस बात का
'इल्म' नहीं, आख़िर
वो ठहरा 'सौदागर'।

मौन संदेश

गीत
गुमसुम है
ग़ज़ल चुप है
रुबाई है उदास

पर
अम्बर ख़ुश है
चाँद मुस्कुरा रहा है
अवनी पूरित उल्लास

हे मानव
अब तो जाग जाओ
ज़रा ध्यान से सुनो
प्रकृति के 'मौन संदेश'
ये सब तुम्हारे ही लिए हैं

अभी भी वक़्त है
बदल लो ख़ुद को
तुम सचमुच के
इंसान बन जाओ

बस
ख़ुद में थोड़ी-सी
इंसानियत ले आओ
और इनके संग-संग
तुम भी मुस्कुराओ।

डॉ. विमला व्यास

समय के उसी छोर पर

समय के
उसी छोर पर
आज भी खड़ी हूँ मैं

वक़्त तो वक़्त है
कहाँ ठहरा है
किसी के लिए

बह रहा है
बहता रहेगा
नदिया की धार की तरह
बिना रुके बिना थमे

वो लम्हा
आज भी बसा है
मेरी यादों में, जहाँ
तुम मुझे छोड़कर गये थे
और फिर मुड़कर भी नहीं देखा

भीगी पलकें और
बेक़रार रूह
अक्सर खींचकर
उसी लम्हे में पहुँचा देते हैं मुझे
जैसे मैं क़ैद होकर रह गयी हूँ उसमें
कभी सोचती हूँ
तुम लौटकर आओगे
और मुक्ति दोगे मुझे इस क़ैद से

फिर से
जियेंगे हम साथ-साथ
इन ख़ूबसूरत लम्हों को

बस
'समय के उसी छोर पर'
तुम्हारा इंतज़ार आज भी है

यूँ तो देखे हैं हमने

गर तू नया है तो दिखा
शाम-ओ-सहर नये
यूँ तो देखे हैं हमने
ना जाने कितने साल नये

छाँट के बादल गमों के
ला ख़ुशियों के आसमान नये
इंसानों को बस इंसान बना
ज़िन्दा कर उनके ज़मीर नये

आसमाँ छू सके हर शख़्स
दे सबको ऐसे पंख नये
मुल्क में हो अमन चैन
दे मोहब्बतों के पैग़ाम नये

हम 'जी' रहे हैं 'ज़िन्दगी'
गम को छुपा सीने में
होंठ भी वाक़िफ नहीं
दिल के क्या हाल नये

गर तू नया है तो दिखा
शाम ओ सहर नये
वर्ना यूँ तो देखे हैं हमने
ना जाने कितने साल नये।

एक बार फिर से जी लेते

गर तुम
मेरे साथ होते तो
'यक़ीनन' कुछ और बात होती

फिर
तुम्हारे हाथ
मेरे हाथों में होते
तुम्हारी ख़ुशबू
मेरे दामन पे होती

गर तुम मेरे साथ होते
सँवारते अंगुलियों से
इन उलझी लटों को
अपने अधरों से
मेरा फलक चूम लेते

गर तुम मेरे साथ होते तो
एहसास से तुम्हारे
मेरी पलकें झुकी होती
पसरी होती मृदु मुस्कान
मेरे काँपते होंठों पर

तलाशते तस्वीर अपनी
आँखों में आँखें डाल
खोजते नाम अपना
मेरे हाथ की लकीरों मे

गर तुम मेरे साथ होते
सजाते नन्हा-सा ख़्वाब
कोई मेरी बन्द आँखों में
होठों पे जमी बर्फ़
अपनी तपिश से पिघला देते

काश
तुम साथ होते तो हम
'एक बार फिर से जी लेते'।

अमृत बेला

क्या यही वो
'अमृत बेला' है या
हर रात का नया सवेरा है

कुछ ख़्वाब सजे
कुछ बात हुई
चाँद-तारों से मुलाक़ात हुई

कुछ ग़म बाँटे
कुछ ख़ुशियाँ भी
कुछ अंतर्मन में ठहर गयीं

फिर होने लगी
'अमृत वर्षा' और
'रब' ने दी आवाज़ हमें

हम तुमसे
मिलने आये हैं
क्या सुना नहीं आग़ाज़ मेरा ?

चलो उठाओ
'वीणा' तुम और छेड़ो
'सुर और ताल' नया

झंकृत कर दो
हर तन-मन को
वन-उपवन नदी समुन्दर को

ब्रह्माण्ड में सदा
प्रवाहित हो, बन
गंगा की अविरल धारा

हाँ, यही वो
'अमृत बेला' है
हर जीवन का 'नया सवेरा' है।

आनन्द लोक

सुनो

तुम कभी
मत होना उदास प्रिये

क्योंकि
मैं सदा तुम्हारे साथ हूँ
सामने ना सही पर आस-पास हूँ

पलकों को
बंद करके जिस
पल भी मुझे देखोगे
पाओगे मुझे अपने ही पास

जानती हो क्यों
क्योंकि मैं हर पल तुम्हारे साथ हूँ

अब तो मुस्कुराओ
खुलकर हँसो और हँसाओ
बनाओ इक ख़ूबसूरत संसार
जहाँ न कोई 'बैर' रहे
केवल हो 'प्यार ही प्यार'

जगो उठो बाँटो अपनी हँसी और
करो नव निर्माण इक
सुनहले 'आनंदलोक' का
जहाँ 'मैं' भी रहूँगा तुम्हारे साथ।

सपना

एक दिन
ज़िन्दगी पूछ बैठी
इक ख़ूबसूरत सवाल
किसी और से नहीं
हक़ीक़त से

ज़िन्दगी
मुस्कुराते हुए बोली
ज़रा बताओ तो सही
ये सपना क्या होता है ?

हक़ीक़त ने
हँसकर कहा
अरे बावरी
तुझे इतना भी नहीं पता ?

बस्स...
कुछ ख़ास नहीं
बंद आँखो में जो
अपना होता है ना

खुली आँखों में
वही सपना हो जाता है।

आग के देवता

सदियों से
उसके हृदय में
अपने प्रियतम की याद में
एक विरहाग्नि प्रज्वलित है

सुलग रही है वह निरंतर
इस अदृश्य प्रेमी के असीम
अनंत प्रेम की धधकती ज्वाला में

उसकी तपिश ने
प्रेयसी के रूप लावण्य को
अलौकिक निखार दिया है

उसके अंग-प्रत्यंग
अग्नि में तपकर सुनहले
कंचन की भांति प्रकाशित है

अपने प्रियतम की याद में तो
कभी मुस्कुराती है तो कभी
अश्कों की दरिया में डूब जाती है

कभी ख़ुद को दर्पण में निहारती है और
अपने प्रियतम को स्वयं के
अक्स में महसूस करती है

बस सती को इंतज़ार है
शिव से मिलन का वो
उनके हृदय में हिलोरे लेते
प्रेमसिन्धु में डूबकर
द्वैत से अद्वैत होना चाहती है

प्रेमाग्नि में जलकर
पावन यज्ञ की हवि की तरह
वह फ़ना होना चाहती है

शिव ही तो
उसके अंतरतम में
अहर्निश धधकती
'आग के देवता' हैं

बस वह
अपने देव से
एकाकार होना चाहती है।

प्रेम का अवलम्ब

सुनो
ये यात्रा
हर सुबह
हर शाम
यूँ ही चलती रहती है

देखो
कितने दिन हो गये
जब से तुम गये

मैं उसी राह पर आज भी
तुम्हारा हाथ पकड़े चलती हूँ
तुमसे बातें करती हूँ

और जब तुम्हारी बातों पर
मन ही मन मुस्काती हूँ
नैनों से बादल बरसने लगते हैं
और मैं डूबने लगती हूँ तुम्हारे
प्रेम-सिंधु की बूँदों में

पत्तों की सरसराहटें
फ़लक को सहलाकर
मेरे कानों में वही पुराना

प्रेम गीत सुना जाती है
जो तुम अक्सर सुनाते थे

देखो ना
सब कहते हैं कि
तुम नहीं आओगे

पर तुम मुझसे कभी दूर गये ही नहीं
यह मेरा अडिग विश्वास ही नहीं
बल्कि तुम्हारे शाश्वत 'प्रेम का अवलम्ब' है

जो मुझे अहर्निश तुम्हारी
मौजूदगी का एहसास करवाता है

सच कहूँ तो ये मेरे
मुर्शिद का 'रहमत-ए-करिश्मा' है।

ज़िन्दगी का फ़लसफ़ा

सुनो सागर
तुम मुझमें प्रवाहित हो।

तुम्हारी विशालता
और अथाह गहराई
तुम्हारा प्रचण्ड वेग
और उफनती लहरें
उद्विग्न हृदय की प्रत्यक्ष अभिव्यक्ति ही तो है।

तुम्हारी लहरों का
चट्टानों से चोट खाकर
ख़ामोश रह जाना और
पुनः अपनी रौ में बहना
विरहाकुल हृदय की तीव्र धड़कन ही तो है।

तुम्हारा पल-पल संघर्ष
और अनहद ख़ामोशी
तुम्हारी उदास शामे
और अन्तर्मन की बेचैनी
कालांतर से प्रिया मिलन का इंतज़ार ही तो है।

कठिन राहों को पार करती
प्रिय मिलन की प्यासी
अल्हड़-अलबेली दरिया को
ख़ुद में समाहित करना तुम्हारे
हृदय में हिलोरें लेता अनहद प्यार ही तो है।

सुनो सागर

जैसे तुम
दरिया के मीठे पानी को
हृदय में ज़ब्त करके भी
स्वयं के अस्तित्व को बरक़रार रख
खारे रहकर ही आह्लादित हो

वैसे ही
मेरे हृदय रूपी सागर में
पल-पल बदलते एहसासों की
उठती-गिरती अगनित लहरें
बूँद बनकर नैनों की कोरों से
बरबस ही बरसने लगती है
फिर चाहे 'ख़ुशी हो या ग़म'

विषम स्थितियों को समत्व से
जीने की कला का नाम ही तो जीवन है

यही है हमारी....
'ज़िन्दगी का फ़लसफ़ा'।

शायद कोई आया है

अक्सर
बज उठती है
दरवाज़े की घंटी
मन के आँगन में पर
कहाँ कोई आता है?

बस
गर्म दोपहरी है
बेहद सन्नाटा है

अक्सर
खड़का जाती है
बंद किवाड़ों को
पगली गर्म हवा
किसी के आने की
दस्तक-सी दे जाती है

आहट सुनते ही
बरबस जाती हैं
ड्योढ़ी तक नज़रें और
बावरा मन कहता है
चलकर देखो तो सही
शायद कोई आया है

यूँ ही भ्रम में
ज़िन्दगी का अहले-सफ़र
बरबस रीतता चला जाता है

अक्सर
खिल उठती हैं
सपनों की कलियाँ
संवेदना की अतल गहराई में

पर ये कोमल मन
संबंधों के बिरवे जब
अंतस की ज्वाला में झुलसे पाता है
तब इस दहके वन में
वो ख़ुद ही ख़ुद को
ठूंठों की चुभन से घायल कर जाता है

नर्म कोपलों की
मीठी-सी छुवन तो
गुजरे दिनों की बाते हैं
अब तो कँटीले शजर ही ज़िन्दगी का हिस्सा है।

ज़ख़्म गहरे दे गया

ज़िन्दगी के सफ़र में
चुपचाप चल रही थी
दर्द-ए-दिल से रू-ब-रू
हिम्मत-ए- ख़ुदा के साथ

इक मोड़ ऐसा आया
जहाँ ठहरे ये क़दम
नज़रे उठा के देखा
तुम थे सामने खड़े

मिली तुमसे जो नज़र
मदहोश हो गये
लड़खड़ाये ये क़दम
गुमराह हो गये

जब होश आया तो
मंज़िल भी दूर थी
कोई रास्ता न था
मुश्किल सफ़र रूहानी
कैसे तय हो भला

अंतस में थी बेचैनी
रूह भी बदहवाश
इक टीस थी जिगर में
मत पूछो उसका हाल

घायल था दिल बेचारा
सहलाते ही रो पड़ा
पूछ बैठा वो हमीं से
तुम आये क्यों यहाँ?

क्या तुम्हारे पास और
कोई रास्ता न था
जो तुमने इसे चुना
आख़िर ये कौन था?
जो ज़ख़्म गहरे दे गया।

अल्फ़ाज़-ए-हिना

गर

लफ़्ज़ निकले हों
सीधे हृदय से
पहुँचते हैं सीधे
भीतर जिगर के

नहीं रोक सकता
कोई राह उनकी
'अल्फ़ाज़-ए-हिना' तो
महकती फ़िज़ा में

कहाँ कोई जन्मा
जो बाँधे पवन को
सब जी रहे हैं
फ़क़त ज़िन्दगी को

मुसाफ़िर हो तुम भी
मुसाफ़िर हैं हम भी
मगर फ़र्क़ हैं सिर्फ़
दीदार-ए-नज़र में

किया प्यार तुमने
बेवफ़ा ज़िन्दगी से
मैं तो आबाद हूँ
बस वफ़ा-ए-क़ज़ा से।

नारी पुरुष पे भारी है

माना कि
देह संरचना में
पुरुष बलशाली है
मगर मनोचेतना में
नारी पुरुषों पर भारी है

केवल
नारी ही सृजन शक्ति
पालनकर्ता श्रृष्टि निर्माती है

नारी ही
हमारी प्रथम गुरु
श्रद्धा सम्मान प्रेम की
एक मात्र अधिकारी है

सुन लो
ऐ दुनियावालो
धोके में
बिल्कुल मत रहना

नारी नहीं है
भूखी दया की
न ही अबला
अक्षम और बेचारी है

ज़रा

याद करो
इतिहास को तुम
युगों-युगों से नारी ने
जिया है कितने रूपों को

वही लक्ष्मी वही सरस्वती
वो ही दुर्गा और काली है।

ख़ुद की खोज

शायद
कहीं मिल जाएँ
कुछ चेहरे बिन मुखौटों के
इस मायावी दुनिया में
ज़रा प्रयास करके
देख लें आप भी

क्योंकि
हमने तो की हैं
अनगिनत कोशिशें
इन हँसी चेहरों में छिपी
मासूमियत को परखने की

लेकिन
सब की सब
हो गयीं नाकाम
जब भी देखा
झाँककर दिलों में

न जाने
कितने स्वार्थों की
अनकही परतों से
रू-ब-रू हो गये हम
दे दिया पूर्ण विराम
इस अंतहीन खोज को
अब जारी है
केवल एक खोज
वो है, अपने आपकी।

इक मुलाक़ात

जब से हुई है
मुलाक़ात तुमसे
धड़कन बनकर
धड़कते हो दिल में

आती जाती साँसें
दे जाती हैं पैग़ाम तेरा
करा जाती हैं इक
अद्भुत एहसास
तेरे मुझ में होने का

महका जाती है
मुझको अक्सर
तेरी रूह की ख़ुशबू
चाहे रहूँ मैं अकेले
या हो महफ़िल-ए-गुलज़ार

अचानक
डूब जाती हूँ
बस तेरे ही ख़यालों में
अंतस हो जाता है
अविरल प्रेमानंद के
पवित्र संगम से सराबोर

ऐ ज़िन्दगी

तेरा शुक्रिया
वाह क्या ख़ूब
तेरी मेहरबानियाँ

सच में

आज ख़ुश हूँ बेइंतिहा
रहमत-ए-ख़ुदा को ख़ुद में पाकर।

सुन ज़रा

ऐ मुसाफ़िर सुन ज़रा

दूर हो मंज़िल तेरी
मुश्किल हो राह-ए-सफ़र

पर हौसला मत हारना
उम्मीद तुम रखना सदा

एक वक़्त ऐसा आयेगा
जब बदलेंगे तेरे ख़्वाब भी

और हक़ीक़त से होंगे रू-ब-रू
बस तू किये जा कोशिशें और

अंत में तेरी ही होंगी मज़िलें
भूलकर अवरोध सारे
तू भी सफल कहलायेगा।

ऐ मुसाफ़िर सुन ज़रा।

बरसात गुज़र जाती है

कहाँ बुझती है ये प्यास?
कहाँ दिल को क़रार आता है?

यूँ ही चंद लम्हों मे, हमारी
मुलाक़ात गुज़र जाती है

दिल की दहलीज़ तक आकर
यह बरसात गुज़र जाती है

तेरी यादों से, दिल तो बेचैन है
नींद भी अब मेरे पास आती नहीं

तेरे ख़ूबसूरत ख़यालों में ही
सारी रात गुज़र जाती है

इश्क़ करने वाले आँखों को..
पढ़ने का हुनर रखते हैं..

बस ख़्वाबों में यार आए तो
रूह-ए-मुलाक़ात गुज़र जाती है..

रोता तो आसमाँ भी है
इस ज़मीं से मिलन के लिए

तभी तो ख़ुद बादल बनकर
बूँदों में बिखर जाता है

स्वयं का अस्तित्व खोकर
अपनी प्रेयसी की प्यास बुझाता है

फिर भी

कहाँ बुझती है ये प्यास?
कहाँ दिल को करार आता है?

सच पूछिये तो हमेशा की तरह
बस एक और बरसात गुज़र जाती है।

छलकते आँसू

मेरे मितवा

सिवा तेरी यादों के
इतना दर्द और कहाँ?
जो मेरे आँसू के
आँगन को भर सके

ना जाने कब से
अहर्निश छलकते जा रहे हैं
कुछ धार रुके इनकी
तब तो मैं इन्हें थामूँ

इन्हें थामने की कोशिश मे
गर हम रुख़सत भी हो गये
तो भी कोई ग़म नहीं

इन्हें लफ़्ज़ों में ढालकर
तेरे दिल में उकेर जायेंगे
तेरी यादों में छोड़ जायेंगे

और इन्ही के साथ-साथ
हम भी शाश्वत प्रेम बनकर
तेरे वजूद में समा जायेंगे

अजर-अमर हो जायेंगे
'सदा-सदा के लिए'।

ख़बर तेरे आने की

सुनो देव

तेरे क़दमों की
आहट से
मिलती है
ख़बर तेरे आने की

पर तेरे
वापिस जाने का
इक ख़याल ही
कर जाता है बेचैन मुझे

अवरुद्ध हो जाती है
श्रृंखला
आती-जाती साँसों की

फिर सोचती हूँ
कहाँ कोई
रख पाया है तुझे
सदा के लिए अपने पास

तेरे इंतज़ार में तो
बाँहें पसारे बैठी है
पूरी क़ाएयात
तेरे प्यार में मंत्रमुग्ध

मैं 'बावरी'
भूल ही बैठी के
तुझ पर तो हक़ है
सम्पूर्ण ब्रह्माण्ड का।

अंत को अनंत कर देना

सुनो देव

अपने
भाव विभोर मन को
जब भी काल और
समाज की सीमाओं मे
बाँधने की असफल कोशिश करती हूँ

अक्सर
ये ख़याल आता है कि
नदियों की तो कोई अपनी
सीमाएँ नहीं होती बल्कि
समुंदर होना ही उनके
जीवन का अंतिम लक्ष्य होता है

ठीक उसी तरह
प्यासी नदी की लहरों के
तीव्र वेग की तरह मचलते
मेरे बावरे मन का
'अंतिम लक्ष्य' भी तुम्हारे
ख़ूबसूरत मन की समुंदर-सी
गहराई में डूबकर फ़ना होना ही तो है

देव
जब भी मैं अपनी
मंज़िल तक आते-आते
थक जाऊँ और मुझे
चिर विश्राम की ज़रूरत हो

तब तुम
मेरी अंत साधना मे
अपनी समुन्दर-सी
गहराई देकर मुझे
ख़ुद में समा लेना

और मेरे
'अंत को अनन्त कर देना'।

रिश्ता अनजाना

ऐ ख़ुदा

तू ही
बह रहा है
रुधिर बन के
मेरी नस-नस में
रग-रग में मेरे
तू ही तो समाया है

रोम-रोम पुलकित है
तेरे मुझमें होने से
तेरा ख़याल आते ही
दिल मंद-मंद मुस्काया है

फिर भी मेरे अंतस में
इक 'दर्द भरा साया' है
हर पल क़रीब होकर भी
तू दूर नज़र आया है

तेरी याद आते ही
ठहर जाते है वो 'लम्हे'
रुक जाती हैं धड़कनें
जिनमे 'तू ही तू' समाया है।

डॉ. विमला व्यास

ख़ुदा जाने कैसा
अजीब रिश्ता है ये
ख़ुशी और ग़म का
न ही जी पाती हूँ सुकूँ से और
न ही मरना रास आया है।

साझा रिश्ता

ऐ ज़िन्दगी

तू ही बता
ये सब कैसे हुआ

मैं तो चली छाँव-छाँव
अपनी काया की हिफ़ाज़त के लिए

सोचा 'रूह' को
एक ख़ूबसूरत 'जिस्म' दे सकूँ

न तो झुलसे, ये धूप में
न ही कोई ज़ख़्म खाये
न तो चोट पहुँचे इसे और
न ही कोई दर्द मिले

पर ऐसा कुछ नहीं हुआ

जब मैं
तपती दुपहरी मे
दर्द की धूप से रू-ब-रू हुई
तब ही इसको छाँव मिली

सच में

कितना अजीब है न
दर्द और ख़ुशी का
ये 'साझा रिश्ता'

अगर 'छाँव' मिलेगी हमें
तो बस कहीं 'धूप' में मिलेगी।

अब नहीं कर पा रही मैं

आज

अपने ख़्वाब को मैं
सच बनाना चाहती हूँ
सुदूर की इक कल्पना के
पास जाना चाहती हूँ

चाहती हूँ पंख फैला
चूमना अनंत गगन
चाँद को भर अंक में
धरती पे लाना चाहती हूँ

चाहती हूँ पार जाना
सामने जलनिधि पड़ा जो,
उस पार की उस गूँज को
इस पार लाना चाहती हूँ

ख़्वाब तेरे स्वर्ग के
धरा पे आते हैं मगर
योग शाश्वत जानकर
तेरे पास आना चाहती हूँ

अब नहीं कर पा रही मैं
प्यास अपनी पर नियंत्रण
कूल पर कैसे रुकूँ मैं
आज लहरों के निमंत्रण।

माना है ख़ुद को

माना है
ख़ुद को 'मेरा शिव'
तो मुझको अपनी
'शक्ति' मान तुम्हें जीना होगा

मेरे प्यासे अधरों पे
रख के अपने मौन अधर
ऐ नीलकंठ
तुम्हें हमारे जीवन का
सम्पूर्ण हलाहल पीना होगा

मेरे मन मंदिर में
धधक रही ज्वाला और
उर के सघन ताप को
अपने शीश धरे गंगाजल से
तुमको शीतल करना होगा

सदियों से रीते
इस हृदय कुण्ड को
अपने दिव्य प्रेम के अविरल
प्रवाह से सिर्फ़ तुम्हें भरना होगा

एकत्व की प्रतीक्षा में
व्याकुल मेरे अंतरतम
प्रेम श्रद्धा विश्वास और
समर्पण का मान तुम्हें रखना होगा

हाँ देव
हमें द्वैत से अद्वैत करना होगा

माना है
ख़ुद को मेरा शिव
तो मुझको अपनी
शक्ति मान तुम्हें जीना होगा।

कौन हूँ मैं?

मैं हूँ
एक आत्मा

अभिन्न अंश हूँ
परम पिता परमात्मा का

अजर अमर
अविनाशी हूँ मैं

स्वरूप है मेरा
शांत शीतल निश्छल
दिव्यप्रेम से सराबोर

करती हूँ
अगाध असीम स्नेह
परमात्मा की हर कृति से

दिव्यदृष्टि के
अभाव में बेहद
मुश्किल है खोज मेरी

मैं तो हूँ
विस्तारित
संपूर्ण क़ाययात में।

कैसे बताऊँ मैं तुम्हें?

अक्सर
पूछते हो तुम
क्या चाहती हूँ मैं?

कैसे?
बताऊँ मैं तुम्हें
मुझे ख़ुद ही नहीं पता

बस
इतना पता है मुझे
कि एक ख़्वाबगाह है
साथ होते हैं हम वहाँ
हर रात, ख़्वाब में

लगता है
यही ख़्वाब
जी रहा है मुझे
और तैर रही हूँ मैं
सुदूर अंतरिक्ष में
इसके बादलों के संग

कैसे
बताऊँ मैं तुम्हें कि
करती हूँ 'रूहानी इश्क़'
एक देवदूत की रूह से।

वन उपवन
दरिया शैल समुंदर
सब जानते हैं कि
बहुत-सी रूहें रहती हैं मुझमें।

कैसे?
बताऊँ मैं तुम्हें कि
ज़ब्त करती हूँ
उन अगनित लम्हों को
अपने ही अन्दर जो कभी
हमने एक साथ जिये थे

बस
इतना ही
जानती हूँ मैं कि
यह वक़्त का खेल है
जो घुमा रहा है मुझे
अपने ही इशारों पर
कभी आगे तो कभी पीछे।

ऐ गंगे तू बहती है क्यों?

ऐ गंगे तू बहती है क्यों ?

तू तो निर्मल अविरल माँ
स्वर्गवासिनी कल्याणी
भगीरथ की तपस्या से
उतरी थी तुम इस अवनी पर
प्राणियों की प्यास बुझाने को

फिर भी
मानव अतृप्त है क्यों ?

ऐ गंगे तू बहती है क्यों ?

तू तो जीवनदायिनी माँ
मोक्षदायिनी जगदम्बा
पापनाशिनी तृप्तिदायनी
निर्मल नीरा विष्णुजया

फिर क्यों मचा है हाहाकार यहाँ ?

क्या ये भी कलि की माया है
जहाँ व्यक्ति ने व्यक्ति को खाया है

फिर भी
तू यूँ मौन है क्यों ?

ऐ गंगे तू बहती है क्यों?

अब कहाँ बची है मानवता
नैतिकता भी तो नष्ट हुई
हैं व्यक्ति यहाँ व्यक्तित्व नहीं
समाज की यूँ दुर्दशा हुई

फिर भी
तू निःशब्द है क्यों?

ऐ गंगे तू बहती है क्यों?

तू तो ख़ुद जननी है माँ
कुछ भी छुपा नहीं तुझसे
है समग्र धरा कुरुक्षेत्र बनी
सब अपने स्वार्थ में लिप्त यहाँ

इस भरत भूमि की रक्षा को
भीष्म जैसा पुत्र जनती क्यों नहीं?
निर्बल मुफ़लिस मानव को तू
सबल समर्थ करती क्यों नहीं?

ऐ गंगे तू बहती है क्यों?

बस एक बार...

बस
एक बार
तुम आओ तो सही

अधखुले
दरवाज़े की
दस्तक बनकर
मेरे फीके
ख़्वाबों का
सुरमई रंग बनकर

बस एक बार
तुम आओ तो सही

मेरा अटल
विश्वास बनकर
दिल की दहलीज़ पर
जमी सूखी आँख की नमी बनकर

बस एक बार
तुम आओ तो सही

रूह से रूह तक जो दस्तक दे
वो मधुर संगीत बनकर
मेरी वीरान रातों की
धवल चाँदनी बनकर

बस एक बार
तुम आओ तो सही

स्पंदित हो
रोम-रोम वो मृदु
एहसास बनकर
महक उठे
अंग-अंग वो
मादक ख़ुशबू बनकर

बस एक बार
तुम आओ तो सही

मेरे ख़्वाबों की
तासीर बनकर
इस बावरे मन के अधखुले
कपाट का भरम रखने को

बस एक बार
'तुम पलटकर आओ तो सही'।

सत्यम् शिवम् सुन्दरम्

हे माधव
तुम शाश्वत सत्य
मैं स्वयं में परिपूर्ण
तुम्हारा ही मानव सृजन

सुनो
हमारे बीच का
अटूट रिश्ता और
प्रेम से सराबोर ये मन
तुम्हारे चरणों में हर पल का समर्पण ही तो है

तुम्हारा
नेह निमंत्रण और
मेरा सहर्ष स्वीकार्य
कुछ और नहीं, बस
तुमसे मिलन की चिर प्रतीक्षित प्यास ही तो है

तुम्हारे
पावन धाम में
जलनिधि के शान्त-शीतल
जल से काया शुद्धि और
रक्ताभ के अर्घ से अपार ऊर्जा प्राप्ति
ज़र्रे-ज़र्रे में तुम्हारे होने का एहसास ही तो है

तुम्हारी
चौखट पर
मेरा साष्टांग प्रणाम
पुण्य धरा के स्पर्श मात्र से
रोम-रोम में तुम्हारा स्पंदन
तुम्हारे मुझमें होने का प्रत्यक्ष प्रमाण ही तो है

तुम्हारी
चौपाल पर
ठहरकर प्रासाद के
गगनचुंबी शिखर और
लहराते ध्वज का सजल
नयनों से अनवरत निहार
तुम्हारी साक्षात उपस्थिति का एहसास ही तो है

तुम्हारा
साक्षात दर्शन
तुम्हें नयनों में बसा
पलकें मूँद हृदय में उतार
तुमसे सदा के लिए एकाकार होना
मेरी 'व्यष्टि से समष्टि' की यात्रा ही तो है

मेरे मन की
वीणा और उसके
तारों का झंकृत हो
अद्भुत स्वर-लहरी छेड़ देना
हमारे शाश्वत प्रेम का प्रतिमान ही तो है

याद है ना तुम्हें
वो अनमोल तोहफ़ा
जिसकी मन्नत माँगी थी मैंने
श्रद्धा-विश्वास के धागे को
भावों के रंग में डुबोकर
देवालय की घंटी में बाँधा था
विगत कई वर्ष पहले और
तुमने अविलंब मेरी मन्नत पूरी कर दी थी
ये तुम्हारी अहेतुकी कृपा का प्रतिफल ही तो हैं

इतना ही नहीं
तुम्हारा स्वयं ही
'सत्यम' के रूप में
मेरी ज़िन्दगी में आना
मेरे जीवन को पूर्णता प्रदान करना ही तो है

सच में माधव
हमारे जीवन का परम लक्ष्य
'सत्यम शिवम सुन्दरम्' हो जाना ही तो है।

मैं तुझसे फिर मिलूँगी

सुनो
मैं तुझसे फिर मिलूँगी

शायद तेरी
कल्पनाओं की उड़ान बन
तेरे सृजन लोक में विहार करूँगी

पता नहीं
कब कहाँ कैसे ?
यह मैं नहीं जानती
पर मैं तुझसे फिर मिलूँगी

शायद तेरी
लेखनी की अमिट
धार बन महाकाव्य लिखूँगी

कब कहाँ कैसे ?
यह मैं नहीं जानती
पर मैं तुझसे फिर मिलूँगी

शायद तेरे
संगीत की मधुर तान बन
तेरे होठों पर ख़ुद को सजाऊँगी

कब कहाँ कैसे ?
यह मैं नहीं जानती
पर मैं तुझसे फिर मिलूँगी

बसंत ऋतु की
शीतल मंद बयार बन
तेरा अंग-अंग स्पर्श करूँगी

कब कहाँ कैसे?
यह मैं नहीं जानती
पर मैं तुझसे फिर मिलूँगी

बारिश के मौसम में
शबनम की बूँद सी
तेरे लबों पर खिलूँगी
भीगे बदन प्रेमालिंगन करूँगी

कब कहाँ और कैसे?
यह मैं नहीं जानती
पर मैं तुझसे फिर मिलूँगी

ख़त्म होते हैं 'जिस्म'
'रूहें' ख़त्म नहीं होती
हमारी प्रीत के धागे तो
रूह में समाए हैं उन
धागों को जोड़ मैं दोबारा सिलूँगी
कब कहाँ और कैसे?
यह मैं नहीं जानती
पर मैं तुझसे फिर मिलूँगी

ख़ूबसूरत यादों की
माला गुथ तुझे वरमाल पहनाऊँगी
और फिर तुम्हारी अर्धांगिनी कहलाऊँगी

कब कहाँ कैसे?
यह मैं नहीं जानती
पर मैं तुझसे फिर मिलूँगी

दुनिया के इस मेले में
तुम अकेले नहीं रहोगे
तेरी परछाई बनकर, मैं
हर पल तुम्हारे साथ रहूँगी।

कब कहाँ कैसे?
यह मैं नहीं जानती
पर मैं तुझसे फिर मिलूँगी।

तुम कब आओगे?

सारी-सारी रात..
खुली आँखों में गुज़ारती हूँ मैं

इस उम्मीद में
कि शायद तुम मुझे
कभी तो 'विमला' कहकर पुकारोगे

हर रात तुम्हारी याद में
नैनों से टपकते आँसू
दर्द में डूबे हर्फ़ बनकर
बिखर जाते हैं कोरे काग़ज़ पे

यही लफ़्ज़ और मेरी तन्हाइयाँ
मिलकर जन्म देते हैं
एक नये विरह काव्य को

हर कविता के
गर्भ में छुपी होती है
एक 'अनकही कहानी'

जिसके प्रेरणाश्रोत
तो तुम ही हो ना?
इसका एहसास है ना तुम्हें?

कभी पूछना
मेरी लड़खड़ाती साँसों से
जो हर लम्हे सिर्फ़

तुम्हारा ही नाम रटती हैं
कभी महसूस करना
मेरे अंतर्मन की व्यथा
भीगी आँखों में हर रात
तुम्हारा ही अक्स नज़र आता है

अँधेरी रात के सन्नाटे में
दूर से गुजरते राही के
कदमों की आहट
मुझे तुम्हारे वहाँ होने का
आभास कराती है

मगर तुम नहीं हो
'कहीं नहीं हो'
है तो रात के तिमिर में
दूर तक पसरा सन्नाटा
और है कभी न
ख़त्म होने वाला इंतज़ार

शायद
यही इंतज़ार बन गया है
मेरी ज़िन्दगी
सच कहूँ तो
मेरे जीने की वजह

मेरे ख़ुदा

बस इतना बता दो मुझे
आख़िर तुम कब आओगे?

तुम स्वयं प्रेम बन जाते हो

सुनो

सच्चे प्रेम को
कोरा दुनियावी
आकर्षण समझने की
भूल कभी मत करना तुम

ज़रा कोशिश करके देखो
अगर तुम्हें कोई आदेश दे
कि इसे प्रेम करो
क्या कर पाओगे तुम ?

अक्सर तुम किसी व्यक्ति के
चेहरे की बाह्य ख़ूबसूरती से,
उसकी लेखनी से, दुनियावी
नाम, पद और शोहरत से
आकृष्ट होकर सोचते हो कि
तुम उस व्यक्ति से प्रेम करते हो

तो ये प्रेम कतई नहीं है
ये कोरा आकर्षण है तुम्हारा
जिसका निहितार्थ है
भौतिक स्वार्थ भिन्न-भिन्न रूपों में
सच्चा प्रेम तो ऐसा
अदृश्य अटूट बन्धन है
जो ईश्वरीय कृपा से स्वतः जन्म लेता है
दो निश्छल हृदय और पवित्र आत्माओं के बीच।

हाँ वो कब कहाँ और कैसे ?
इक-दूजे से जुड़ जाती हैं
उन्हें ख़ुद भी ज्ञात नहीं होता

इसी रूह से रूह तक की
अलौकिक यात्रा को हम
जीवात्माएँ 'इश्क़' कहकर पुकारती हैं

प्रेम के दिव्य बीज का
लहलहाते वृक्ष में रूपांतरण
तभी संभव है जब आत्मभूमि
सम्पूर्ण समर्पण, अटूट विश्वास
आपसी भरोसे और सम्मान के
निर्मल नीर से सिंचित-पोषित होती है

अगर ऐसा नहीं होता तो
ये शाश्वत प्रेम जैसे आया था
'हवा की मानिंद'
वैसे ही चला भी जाता है

जिसका आना तुम्हारे हाथ नहीं था
उसको रोक पाना तुम्हारे वश में कैसे होगा ?

बस यही सत्य प्रेम है
यही शिव है, यही सुंदर है और
यही भौतिक तृष्णा से मुक्ति का शाश्वत मार्ग है

जिस दिन ये जीवात्मा
इस तथ्य को समझ लेती है

वो अद्भुत तृप्ति की अनुभूति करती है।
और.....
'तुम स्वयं प्रेम बन जाते हो।'

माँ.. मैं तुझ तक आऊँ कैसे?

मन है मेरा
तन्हा-तन्हा
विरह वेदना पर्वत सी है

नहीं कोई हमसफ़र जहाँ में
दिल की व्यथा सुनाऊँ कैसे?
लिपट के तेरे आँचल से मैं
पीर का नीर बहाऊँ कैसे?

बस मुझको तू इतना बता दे
माँ..मैं तुझ तक आऊँ कैसे?

ख़्वाब अधूरे बिखरे-बिखरे
कैसे समेटूँ इनके टुकड़े
वक़्त खेलता आँख मिचौली
ख़ुद को मैं बहलाऊँ कैसे?

बस मुझको तू इतना बता दे
माँ..मैं तुझ तक आऊँ कैसे?

दुर्गम हैं जीवन की राहें
मंज़िल कहीं नजर न आये
गिरते-पड़ते, उठते-सम्हलते
अब तक यूँ ही चलते आये
तेरी गोद में सर रखकर
दुसह थकान मिटाऊँ कैसे?

बस मुझको तू इतना बता दे
माँ..मैं तुझ तक आऊँ कैसे ?

झूठे बंधन जग के सारे
रिश्ते नाते बिल्कुल न्यारे
ये दुनिया मुझे तनिक न भाये
छिन-छिन तेरी याद सताये

प्रीत की शीतल छाव में तेरी
मुश्किल घड़ियाँ बिताऊँ कैसे ?

बस मुझको तू इतना बता दे
माँ मैं तुझ तक आऊँ कैसे ?

प्रेम का प्यासा मनवा मेरा
अपलक तेरी राह निहारे
अनहद ख़ामोशी माँ तेरी
सच में मुझको बहुत रुलाये

चरणों की रज बनकर तेरे
तुझमें मैं खो जाऊँ कैसे ?

माँ..मुझको तू इतना बता दे
अब मैं तुझ तक आऊँ कैसे ?

तू बेवजह उदास है

ऐ शजर

तू बेवजह उदास है
इन पत्तों के झड़ जाने से

ये तो ख़ुदा का करम और
मौसम-ए-पतझड़ का हुनर है

ज़रा सोच
उन पत्तों की
जो तुझसे जुदा होकर
स्वयं का अस्तित्व खो चुकें हैं

फिर भी
वो निराश नहीं हैं
अपने जीवन से

क्यों कि
वो जानते हैं, यही
प्रकृति की लीला है
उन्हें स्वयं को खोना ही होगा
पुनः नव जीवन के लिए

तूने कभी सोचा?

क्या बीती होगी?

उन परिंदों पर, जिनका
आशियाना उजड़ा होगा
तेरे पर्ण विहीन होने से?

फिर भी
वो हारे नहीं और
निकल पड़े नये दरख़्त की खोज में

उजड़े आशियाने को
फिर से सजाने के लिए..

मेरे प्यारे शजर
तू थोड़ा धैर्य रख और
जुड़ा रह अपनी जड़ों से
जैसे ही मधु-मास आयेगा
तू फिर से लहलहा उठेगा
अपने हरे भरे पत्तों संग
धरती माँ की गोद में

ज़रा सब्र तो कर
मेरे दोस्त, और
यक़ीं कर 'कुदरत के करिश्में पर"

अनछुए एहसास

उस दिन
हम इक-दूजे से
पहली-पहली बार मिले थे

मेरा बहुत मन था कि
तुम्हारे क़रीब आकर
तुम्हें छूकर शुक्रिया कहूँ
पर मैं कुछ न कह सकी

प्रथम मिलन के वो
चंद लम्हे मेरी हथेलियों से
रेत की भाँति फिसलते रहे
और मैं कुछ न कर सकी

फिर एक दिन
तुमसे बहुत दूर
चले आने के बाद
किसी ने आहिस्ता से आकर
मुझे छूकर मेरे कानों में कहा

सुनो...
तुम छू लो मुझे
उस कर्णप्रिय आवाज़
और 'अनछुए एहसास' ने
हृदय के तार झंकृत कर दिये
मेरा रोम-रोम स्पंदित हो गया

फिर भी...
ख़ुद को
सम्हालते हुए
मैंने हौले से पूछा
कौन हो तुम?
उसने कहा
'तुम्हारा प्रेम'

बस मैंने
उसकी छुवन को
हृदय के अंतर्तम में
इस ़कदर ज़ब्त किया कि
उस दिन के बाद मैं
कभी अकेली नहीं रही

अदृश्य शाश्वत प्रेम की
परम सत्ता के स्पर्श ने
मुझे सदा के लिए
'मैं' से 'हम' में तब्दील कर दिया
अनंत ब्रह्माण्ड में विस्तारित होकर
मैं ख़ुद ही 'प्रेम बन गयी '।

क्षितिज के उस पार

चलो हम साथ चलते हैं
कहीं ऐसा चमन होगा
जहाँ पर दर्द कम होगा
न ख़्वाहिशों का शमन होगा

चलो हम साथ चलते हैं
जहाँ रक्ताभ सूरज की
छलकाती नेह के सागर
जहाँ चंदा की शीतलता
भर देती भाव से गागर।

चलो हम साथ चलते हैं
जहाँ हो ऐसी पगडण्डी
पग-पग पर प्यार लहराये
तेरी बाँहों के घेरे में
ये दिल मचल-मचल जाये।

चलो हम साथ चलते हैं
जहाँ खग वृन्द पुलकित हो
गाते हुए मधुर संगीत
जिसे सुन झूमते वट-वृक्ष
खिलते पारिजात के फूल

चलो हम साथ चलते हैं
जहाँ शिकवे-शिकायत की
नहीं हो कोई गुंजाइश
जहाँ अम्बर की छाया में
बस प्यार की हो फ़रमाइश।

चलो हम साथ चलते हैं
जहाँ पलकों पे अधरों की
अनूठी छुवन सजती हो
जहाँ कानों में पुरवा का
मधुर संगीत बजता हो

चलो हम साथ चलते हैं
जहाँ साँसों की सरगम में
मन के तार झंकृत हो
जहाँ पे सिर्फ़ तुम ही तुम
और लबों पे हरकत हो

चलो हम साथ चलते हैं
युगों-युगों का संग हमारा
धड़कन में तुम बसते हो
ले मृदु मुस्कान अधरों पे
हर शब ख़्वाबों में सजते हो

चलो हम साथ चलते हैं
बिखर वो कैसे सकता है
गुँथा जो प्रीत के धागों में
ये सौ जन्मों का बंधन है
नहीं बँट सकता है भागों में

चलो हम साथ चलते हैं
'क्षितिज के उस पार'....

तुम्हारा चिर बसेरा

सुनो...
आज फिर
आये हम
समुंदर किनारे अकेले

शाम
ढलने को है
सूरज बेचैन है
समुन्दर के गर्भ में समाने को

बेहद
ख़ूबसूरत है
नज़ारा पर 'तुम बिन'
कुछ भी नहीं लुभाता मुझे

मेरा
बावरा मन
आतुर हो उठता है
यादों के अथाह समुन्दर में डुबकी लगाने को

आज फिर
लौट आये उन्हीं
बीते लम्हों में जो
समुन्दर किनारे रेत पर
एक-दूजे का हाथ थाम
दूर तक टहलते हुए गुज़ारे थे हमने

हाँ, तुम्हारे
ख़यालों में खोकर
'मन ही मन' आज
ख़ूब सारी बातें कीं हमने
अपनी अद्भुत प्रेम कहानी सुनाई समुन्दर को

तभी
अचानक
एहसास हुआ मुझे
तुम्हारे पास होने का
काँधे पर महसूस हुई
कोमल हाथों की छुवन और
याद आ गया गोवा के 'समुद्र तट' का
वो सुखद मंज़र
जहाँ निशीथ की गोद में,
धवल चाँदनी की चादर में लिपटे
दो जिस्म एक हो गये थे।

जानती हूँ तुम
मेरे हृदय के सिवा
और 'कहीं भी नहीं'

न ही देख पाऊँगी तुम्हें
अब कभी भी
'इन खुली आँखों से'
पर मेरे अन्तर्मन की आँखों में
तुम आज भी वर्तमान हो और हमेशा रहोगे

बस यही है
'तुम्हारा चिर बसेरा'

प्रेम का अमरत्व

तुम जानते हो ना
जब भी
मेरा हृदय तुम्हारे
अनहद प्यार से सराबोर होकर
आनंद सागर में हिलोरे लेने लगता है

तब मैं
जो भी काम करती हूँ
उसमें मेरा नहीं
मेरी रूह का साम्राज्य होता है

तुम्हारे पसंदीदा
वस्त्र धारण करती हूँ
माथे पर सुर्ख़ बिंदिया सजाती हूँ
गले में मंगलसूत्र पहनती हूँ

हाथों में सोने के कड़े और
पाँव में पायल या यूँ कहूँ कि मैं
अपने साजन से मिलन के लिए
सोलह शृंगार किया करती हूँ

और फिर
पूजा की थाल
रोली अक्षत हल्दी से सजाकर
पारिजात के पुष्पों से तुम्हारी
इबादत किया करती हूँ तुम्हारे
नाम के मंत्रोच्चार संग आरती करती हूँ

हाँ बार-बार
ख़ुद के चेहरे को
आईने में निहारती हूँ और
ख़ुद-ब-ख़ुद मुस्कुराने लगती हूँ

तब मैं
मैं, कहाँ होती हूँ
मैं तो तुम हो जाती हूँ
तुम्हारे अक्स को ख़ुद में
निहारकर बावरी हो जाती हूँ

फिर तुम
नैनों से नीर बनकर
बहने लगते हो और
मेरे पाँव के घुँघरू तुम्हारी
प्राणदायिनी बाँसुरी की धुन पर
अनायास ही बज उठते हैं और
मैं असीम आनंद से भर जाती हूँ

मीरा की तरह नाचने लगती हूँ
'पग घुँघरू बाँध मीरा नाची रे '
जब तुम
मैं हो जाते हो तब
कुछ भी अलहदा नहीं रहता

हम दोनों की बिछुड़ी रूहें
आपस में जुड़कर एक हो जाती हैं
तब इस प्रेमाणु से मिलकर
समूचा ब्रह्माण्ड नृत्य करने लगता है
चतुर्दिश प्रेम ही प्रेम नज़र आता है

और हम शाश्वत प्रेम बनकर
सदा के लिए इस संसार में अमर हो जाते हैं

यही तो है
आनंद से परमानंद की यात्रा
'प्रेम का अमरत्व'

समा गये हो मुझमें

तुम्हारी यादें
जब ढँक लेती हैं मुझे
चंदा की धवल चाँदनी बनकर
अतीत के वो मधुर पल
अकस्मात ही जीवंत हो उठते हैं।

बोल पड़ते हैं वो मौन क्षण
जब हम प्रवाहित हुए थे
दिव्य प्रेम के अविरल प्रवाह मे
यमुना के पावन तट पर

याद आता है
वो कलकल करती
लहरों का मधुर संगीत और
वो विस्तारित नील गगन
जो ऊपर से निहार रहा था हमें
ये सब साक्षी थे हमारे मिलन के

तुम्हारी यादें
कुछ लम्हों के लिए अक्सर
ख़ुशबू बनकर महका जाती हैं मुझे
पर तुम्हारी जुदाई का इक ख़याल
बिखेर देता है मुझे पल भर में

अब जब तुम नहीं हो पास मेरे
तुम्हें याद करके 'सिर्फ़ मैं ही नहीं'
ये आसमाँ भी रो पड़ता है

बिन तुम्हारे वीराँ पड़ा है
यमुना का सुरम्य तट भी
लगता है मेरी सूनी आँखों की
चुभन का एहसास उसे भी है

हाँ..चंद लम्हों का सुकूँ मिलता है
जब महसूस करती हूँ तुम्हें
दिल की दहलीज़ में उकरे
तुम्हारे क़दमों के निसाँ से

जब भी पढ़ती हूँ..तुम्हारे खत
जो वर्षों पहले तुमने मुझे लिखे थे
एक बार फिर गढ़ लेती हूँ
ख़ुद को तुम्हारी नज़रों से

जब देखती हूँ आइना
तो हतप्रभ रह जाती हूँ
तुम्हारा अक्स तो मुझमें नज़र आता है

खो जाती हूँ मैं ख़ुद में उसी पल

बस ये सोचकर
के तुम तो कहीं गये ही नहीं
बस समा गये हो मुझमें 'सदा-सदा के लिए' ।

ज़िन्दगी इम्तिहान लेती है

कुछ ऐसा ही
सोचा था हमने

यूँ ही लड़ते-झगड़ते
इक दूजे पे गुस्सा करते
रूठते-मनाते, हँसते-गाते
ज़िन्दगी गुज़रती रहेगी पर
अंत में हम दोनों साथ होंगे।

आपस में कहते-सुनते
उलझे धागों को सुलझाते
इक दूजे का सामान ढूँढ़ते
अंत में हम दोनों ही होंगे।

मैं रूठ जाती, तुम मना लेते
तुम रूठ जाते, मैं मना लेती
इक-दूजे का मनुहार करते
अंत में हम दोनों ही होंगे।

आँखें जब धुँधली हो जातीं
स्मृति भी मद्धम हो जाती
इक-दूजे में खुद को खोजते
अन्त में हम दोनों ही होंगे।

काया वय से दुर्बल होती
घुटने कमर में पीड़ा होती
इक-दूजे का संग निभाते
अन्त में हम दोनों ही होंगे।

तबीयत जब खराब हो जाती
हेल्थ रिपोर्ट छुपाते फिरते
बस सब कुछ नॉर्मल बताकर
इक-दूजे को बहकाते हुए
अन्त में हम दोनों ही होंगे।

पर ख़ुद का सोचा कहाँ होता है?

ये साथ अचानक छूट गया
जन्मों का बंधन टूट गया
अंतिम विदाई की घड़ियों में
हमने इक दूजे को माफ़ किया।

ख़्वाहिशें अधूरी छूट गयीं
कुछ ख़्वाब हमारे रूठ गये
नहीं क़ुबूल हुईं दुआएँ मेरी
मेरे ख़ुदारा मुझसे रूठ गये।

अगर हमारा सोचा होता तो
आज भी हम दोनों साथ होते।
पर ये ज़िन्दगी
इक पल की भी मोहलत नहीं देती
'ज़िन्दगी इम्तिहान लेती है'

अनंत काल के लिए

मेरे लिए
प्रेम का प्रतिमान
अखंड विश्वास और
सम्पूर्ण समर्पण ही रहा

मुझे प्रेम में
प्रतीक्षा का पाठ
भगवान शंकर ने पढ़ाया
अभीष्ट प्रेम के लिए तप और
साधना का मार्ग देवी पार्वती ने दिखाया

मेरे लिए
प्रेम कभी दिखावे की
संस्कृति का हिस्सा नहीं रहा

मेरे लिए
कुमकुम, बिंदिया,
कंगना, बिछिया, पायल
सिर्फ़ शृंगार के साधन नहीं रहे
बल्कि माध्यम बन
मुझे रू-ब-रू कराया
सनातन संस्कृति के गर्भ में छुपे विज्ञान से

देखो, आज फिर
तुम्हारे ख़यालों के
सुखद एहसास से मेरा
रोम-रोम स्पंदित हो गया
बेसुध मन की वीणा अनायास ही बज उठी।
तुम्हारे आने की
कल्पना मात्र से मेरा
अंग-प्रत्यंग पुलकित हो उठा।

जानते हो ना तुम
मेरे लिए
प्रेम जीने का
साधन नहीं बल्कि
ज़िन्दगी का साध्य है
जन्म-जन्मान्तर से
चले आ रहे हमारे
अनमोल रिश्ते का अटूट बंधन है

विशुद्ध प्रेम ही हमारी
उपासना का मन्दिर है जहाँ
हम दोनों शंकर-पार्वती के रूप में प्रतिष्ठित हैं

मेरे लिए
प्रेम की अमरता ही
'अखंड सौभाग्यवती भव' की मूल अवधारणा है।

ठीक वैसे ही
जैसे भगवान शंकर के प्रेम में
देवी पार्वती जन्म-जन्मान्तर तक
'अखण्ड सौभाग्यवती भव' का वर लिए
समर्पित और प्रतीक्षित रही है
मैं भी सदियों से इसी
पारलौकिक प्रेम की अभिलाषा में अपने
आराध्य के प्रति समर्पित, प्रतिबद्ध और प्रतीक्षारत हूँ
'अनंत काल के लिए'.....

माटी की काया

सुनो
याद है मुझे

हम दोनों का
वो प्रथम मिलन
दो झुके नयन और
मौन अधरों का मिलन

दो स्पंदित हृदय और
बिछड़ी रूहों का मिलन
हमारे अंतर्मन और
उनकी अनुभूतियों का मिलन

हाँ, याद है मुझे
अलग-अलग राहों पर
गतिमान राहगीरों का
वो करिश्माई कुदरती मिलन

और फिर आरम्भ
एक नये गंतव्य की ओर
बढ रही सुखद जीवन यात्रा का

जानते हो
अभी भी ये जीवन यात्रा
शामो-सहर यूँ ही चल रही है

पल-पल हम
तुम्हारे साथ होते हैं
संग-संग हसते-रोते हैं
बेतुकी बातें करते हैं
और फिर इन्ही बातों पर
आपस में उलझते-सुलझते हैं

समंदर के किनारे
इक-दूजे का हाथ थामे
लहरों संग अठखेलियाँ करते
टहलते हुए बहुत दूर निकल जाते हैं

हाँ, ये सच है
तुम सशरीर नहीं हो
हमारे पास, फिर भी
हर लम्हे को हम, तुम्हारे
एहसासों संग ही जीते हैं

दुनिया वाले
अक्सर कहते हैं
जाने वाले वापिस कहाँ आते हैं?
पर जो हम में ही
समाहित हैं वो हमें
छोड़कर जाते ही कहाँ हैं?

बस, 'माटी की काया'
पंचतत्व में विलीन हो जाती है।

तुम ठीक तो हो ना

देव
इतना तो
तुम जानते हो ना?
कि अब मैं तुम हो गयी हूँ
या फिर तुम ही मैं

अब और कुछ
कहने-सुनने की
ज़रूरत ही कहाँ रही?

फिर भी
तुमसे वो
छोटी-छोटी बातें करना
दिल की हर इक बात
तुमसे साझा करना
अच्छा लगता है मुझे

हर रोज़
सुबह-सुबह
तुमसे पूछना कि
तुम चाय पियोगे?
और फिर चाय बनाकर
मन ही मन तुम्हें अर्पित करना

और फिर तुम्हारे प्रेमिल
एहसासों की मिठास के साथ
उसे घूँट-घूँट पीना
अच्छा लगता है मुझे

सहर होते ही
आईने के सामने खड़े होकर
ख़ुद को निहारना और
ख़ुद के चेहरे में तुम्हें मंद-मंद
मुस्काते हुए देखकर मेरे
रोम-रोम का खिलना
अच्छा लगता है मुझे

बेहद सर्द मौसम में
तुम्हारा छुप-छुपकर
बादलों के बीच से झाँकना और
अपनी सुनहली किरणों से
मेरे भीगे तन मन को
रौशन कर जाना
अच्छा लगता है मुझे

रात के सन्नाटे में
तुम्हारे क़दमों की आहट से
हृदय का व्याकुल हो जाना
और फिर तुम्हारी
साँसों की गर्माहट से मेरी
अवरुद्ध साँसों का चलना
ख़ुद को ज़िन्दा महसूस करना
अच्छा लगता है मुझे

तुम्हें पता है ना
तुम्हारी रूह तो मेरी
रूह में घुल गयी है
माँ गंगा की लहरों की तरह
जो गंगा के प्रचण्ड वेग से
बेचैन होकर ऊपर उठती है
तेज़ वेग से बहती है कुछ पल
और अंत में स्वयं का वजूद खोकर
गंगा में ही मिल जाती है
यूँ बार-बार तुझमें मिलना
अच्छा लगता है मुझे

सच बताऊँ देव
तुमने मुझमें समाकर
मुझे ख़ुद से यानी
मेरे ख़ुदा से मिला दिया है
उस अनंत असीम सर्वशक्तिमान
विश्वात्मा के क़रीब ला दिया है

मेरे परम पुरुष की
सुखद अनुभूति मिलते ही व्याकुल
मन का शांत हो जाना
रोम-रोम का स्पंदित हो जाना
रूह का यूँ मुस्कुरा उठना
बेसबब नैनों का बादल
बनकर बरसने लगना
बस वैसे ही जैसे कि
नैसर्गिक शाश्वत प्रेमसिंधु का
स्वयं में पूर्ण हो जाना अनहद हो जाना
अच्छा लगता है मुझे

फिर भी
ना जाने क्यों
हर पल खलती है मुझे
तुम्हारी कमी
कितने अरसे बीत गये
कितने मौसम रीत गये
पर तुमने पूछा ही नहीं कि
'तुम ठीक तो हो ना?

दिल ढूँढ़ता है

दिल ढूँढ़ता है
उन ठहरे हुए लम्हों को

इलाहाबाद विश्वविद्यालय के
रसायन विभाग के कोरिडोर में

जहाँ धवल चाँदनी में लिपटी
वो लड़की डॉक्टरेट की पढ़ाई
करने आई थी उसकी सहज सौम्य
सुंदरता सबकी नज़रों को भाई थी।

दिल ढूँढ़ता है
उस नूर-ए-आफ़ताब को

जिसके होठों की मुस्कुराहट
सखियों के दिल की रुबाई थी
प्रखर प्रज्ञा और मृदु वाणी से
वो माँ सरस्वती की परछाई थी।

दिल ढूँढ़ता है
उस ख़ामोश प्रेम के एहसास को

जो एक दोस्त की बोलती
आँखों में अगनित बार देखा था
पर ये बात दिल से ज़ुबाँ तक
कभी नहीं आई थी जबकि
उसके प्यार में निश्छल सच्चाई थी।

दिल ढूँढ़ता है
दोस्तों के साथ बिताए उन लम्हों को

जो साइंस फ़ैकल्टी की कैंटीन में
चाय की चुस्कियों और गरम समोसों संग
हँसते-गुनगुनाते बातें करते कब
गुजर जाते थे कभी पता ही नहीं चला।

दिल ढूँढ़ता है
पूज्य बाबू जी के लिखे उन ख़तों को

जो माँ के मनुहार दुलार
पिता के अनकहे प्यार और
परवाह को ख़ुद में समेटे दिल को
एक अलग एहसास देकर जाते थे।

दिल ढूँढ़ता है
बचपन की उन छोटी-छोटी ख़ुशियों को

दादा जी की कहानियों को
माँ के हाथों की लाल बर्फ़ी
और बेसन के लड्डुओं को
होस्टल में पैंट की जेब में भरकर
चुपके से काजू, किशमिश खाने को।

दिल ढूँढ़ता है
उन चेहरों को जो आँखों में बसे हैं
दिल की धड़कनों में समाए हैं

पर कहीं नजर नहीं आते
काश ऐसा हो पाता वो
लम्हे फिर से वापिस मिल जाते।

दिल ढूँढ़ता है
उन ठहरे हुए लम्हों को आज भी

ख़्वाबों ख़यालों में
तुम और हम में
ख़ुद ही ख़ुद में
पर वो वापिस कहाँ मिलते हैं?

हाँ उनके निशाँ
दिल के कैनवस पर
बादस्तूर उकरे नज़र आते हैं।

तुम मुझे नज़र नहीं आते हो

सुनो
तुम मुझे
बहोत याद आते हो
संग-संग
हँसाते और रुलाते हो
प्रति पल मुझमें होने का एहसास कराते हो।

पर तुम मुझे
नज़र क्यों नहीं आते हो?
अम्बर में घिरे मेघों के
घर्षन और आकर्षण से
जीवन में सुख-दुःख का आभास कराते हो।

पर तुम मुझे
नज़र क्यों नहीं आते हो?
बारिश की बूँदों की
कर्णप्रिय स्वरलहरी में
अनंत प्रेम का मधुमय संगीत घोल जाते हो।

पर तुम मुझे
नज़र क्यों नहीं आते हो?
हर रोज़ सहर होते ही
तुम आफ़ताब बनकर
मेरे फ़लक पर उतर आते हो।

पर तुम मुझे
नज़र क्यों नहीं आते हो ?
कमरे के झरोखे से
सुरमई रश्मियों संग आकर
हर सुबह मुझे नींद से जगाते हो ।

पर तुम मुझे
नज़र क्यों नहीं आते हो ?
सूखे पत्तों की सरसराहट से
ना जाने क्या-क्या ?
मेरे कानों में बुदबुदाकर चले जाते हो ।

पर तुम मुझे
नज़र क्यों नहीं आते हो ?
बसंत ऋतु की मधु बेला में
गुलमोहर के सुर्ख पुष्प बनके
तुम स्वयं ही मुझसे मिलने आते हो ।

पर तुम मुझे
नज़र क्यों नहीं आते हो ?
शीतल मंद बयार बनके
जब तुम मुझे छूकर गुजरते हो
मेरे रूह-ओ-जिस्म को महका जाते हो ।

पर तुम मुझे
नज़र क्यों नहीं आते हो?
हर रात ख़्वाबों में आके
मेरी भीगी पलकों पर
अपने लबों के अमिट निशाँ छोड़ जाते हो।

पर तुम मुझे
नज़र क्यों नहीं आते हो?
मेरे दिल की चौखट पे
हौले से दस्तक देकर
तुम अपने आने का पैग़ाम दे जाते हो।

पर तुम मुझे
नज़र क्यों नहीं आते हो?
हर घड़ी, हर डगर, हर शहर
तुम्हारे मुझमें होने की
अद्भुत अनुभूति करवा जाते हो।

बस
'तुम मुझे नज़र नहीं आते हो'

तुमसे पुनर्मिलन के इंतज़ार में

आज तुमको देखा मैंने
इस जन्म में पहली बार फिर से
कई जन्मों के इंतज़ार के बाद
लगा वक़्त थम-सा गया
धड़कन रुक-सी गयी

तुमसे नजरें नहीं मिला पाई
तुम्हें अपलक देखना चाहती थी मैं
पर तुम्हारे क़रीब आते ही
पलकें ख़ुद-ब-ख़ुद झुक गयी
शायद तुम्हें दिल से झुककर
सलाम करने को

तुम्हारे गले लगकर
ख़ूब रोना चाहती थी मैं
पर सदियों बाद तुम मिले भी
तो अकेले नहीं थे
भीड़ थी तुम्हारे साथ

तुमने आगे बढ़कर
मेरा हाथ भीनहीं थामा
मैं ख़ुद को सम्हाल पाती
उस एक ही पल में

तुम पूछ बैठे
'कैसी हैं आप'?

तुम्हारा वही सदियों पुराना
चिर-परिचित अंदाज़
वही आवाज़ वही शब्द
सुनकर ऐसा लगा जैसे
तुम्हें युगों-युगों से सुन रही हूँ।

बेहद मुश्किल था मेरे लिए
तुम्हारे सवाल का जवाब दे पाना

पर ख़ुद को समेट कर
हिम्मत करके बोल बैठी
'ठीक हूँ'

क्योंकि
बोलना भी ज़रूरी था
वहाँ और लोग भी थे
क्या कहती कि तुम्हारे बिन
इतने वर्षों से कैसे जी रही हूँ?

ये बात तुमसे बेहतर और
कौन जान सकता है
बस तुम्हारी आँखों में आँखें डालकर
कहना चाहती थी मैं
'शुक्रिया' मेरे ख़ुदारा

सच में
इतने जन्मों से तुम्हारा इंतज़ार
एक अद्भुत अंतराल था
पर अब तुम्हें देखकर
फिर से बिखर गयी थी मैं

फिर भी
समेटे रखा ख़ुद को
तब तक
जब तक
मैं वहाँ थी
तुम्हारी नज़रों के सामने

बस
तुम्हारी नज़रों से
ओझल होते ही
डूब गयी थी मैं.
अश्कों के अथाह समुंदर में

तब से अब तक पल-पल
प्रवाहित हो रही हूँ
डूबती उतराती हुई
सागर के आग़ोश में
अठखेलियाँ करती
लहरों की तरह
तुम्हारे अथाह प्रेम के
अविरल प्रवाह में
तुमसे 'पुनर्मिलन के इंतज़ार में'

माँ..जब तुम थी

माँ
जब तुम थी
मेरे साथ
तब पीहर के कुछ
अलग ही एहसास थे
बेहद ख़ूबसूरत थी वो
हमारी छोटी-सी दुनिया

माँ..जब तुम थी
तो पूरे मोहल्ले को
पता होता था मेरे आने का
यहाँ तक कि गया हलवाई भी
भांप लेता था इस बात को
मेरे पसंदीदा गुलाब जामुन
पहले से ही मँगवाकर
रखती थी तुम उसकी दुकान से

माँ जब तुम थी
तो पुरानी कोठी के
सामने के चबूतरे पर
बैठकर करती थी प्रतीक्षा
मेरे घर पहुँचने की क्योंकि
तब मोबाइल नहीं था
लैंडलाइन पर ही बताते थे हम
कि निकल रहे हैं इलाहाबाद से

माँ जब तुम थी
तो बार बार तुमसे मिलने की
इच्छा बलवती होती थी और
जब भी मैं कहती तो तुम्हारे
प्रिय दामाद जो बेटे से भी
बढ़कर थे तुम्हारे लिए बस
गाड़ी निकालकर चल देते थे चित्रकूट

माँ जब तुम थी
तो वापिस लौटते वक़्त
अपने हाथों से बनाये हुए
मेरे फ़ेवरिट बेसन के लड्डू
लाल बर्फ़ी, आम कटहल का
अचार, हमारे खेतों के देसी
चावल दाल....ये सब चीज़ें
गाड़ी की डिक्की में रखवाना
कभी नहीं भूलती थी

माँ..जब तुम थी
तो तुम्हारे दोनो नाती
बार बार तुम्हारे पास
जाने की ज़िद करते थे
पता है माँ?
अब वो दोनो बड़े हो गये हैं
अपने पैरों खड़े हो गये हैं और
हाँ दोनों का व्याह भी हो गया है

आज तुम होती ना तो
कितनी ख़ुश होती अपनी
दोनो पौत्रवधुओं से मिलकर
जिन्होंने 'विद्या ददाति विनयम्' के
सिद्धांत को स्वयं के व्यक्तित्व में
बख़ूबी आत्मसात किया है

हाँ..माँ जब तुम थी
तब अक्सर छुपाती थी मैं
अपनी पीड़ा तुमसे पर तुम
सब कुछ बिन बोले ही
भांप लेती थी मेरे चेहरे से
तुम्हारे गले लगाते ही
उस जादू की झप्पी से मेरे
सारे दुःख दर्द गायब हो जाते थे

पता है माँ
तुम्हारे निश्छल प्रेम और
विश्वास ने ही तो मुझे
प्रेम की परिभाषा समझाई थी
तुम तो स्वयं प्रेम करुणा और
समर्पण की साक्षात मूर्ति थी माँ।

माँ.. जब तुम थी
तब तुम्हारी गोद में
सर रखकर दुनिया के
सारे ग़म भूल जाती थी

तुमसे लिपटकर रो लेती थी
जी भरके और सारे दर्द
बह जाते थे उन अश्कों के संग
और फिर से तुम मंदाकिनी गंगे की
तेज़ धार बनकर प्रवाहित हो जाती थी मुझमें

बस...इसीलिए
जीवन पथ पर थककर
कभी रुकी नहीं मैं
कभी हार नहीं मानी
आख़िर
बेटी किसकी हूँ...?
तुम्हारी ही ना माँ..?

तुमने बचपन से ही जो
प्रेम दया करुणा साहस और
स्वाभिमान के उर्वर बीज
बोये थे ना मुझमें अब वो
अंकुरित होकर नीड की भांति
पुष्पित और पल्लवित हो गये हैं

हाँ बाँट रही हूँ अहर्निश
इस असीम दिव्य प्रेम को
ईश्वर की हर कृति में
तुम्हारी ही तरह क्योंकि
तुम ही मेरी अक्षुण्य शक्ति हो
जो उम्र के इस पड़ाव पर भी
मेरी जिजीविषा को क़ायम रखती है

माँ.. तुम अब भी
यहीं हो मेरे साथ
इसका एहसास है मुझे कि
तुम मेरी रूह में समा गयी हो
नश्वर शरीर रूपी पिंजड़े से
बाहर निकलकर अनंत
आकाश में विचरण कर रही हो।

फिर भी माँ

जब कभी जीवन की
आपाधापी में थककर
चूर हो जाती हूँ तब
तुम्हारी बहुत याद आती है
और अक्सर सोचती हूँ

काश.....
तुम पुनः आ जाती मेरे पास
मानव शरीर धारण करके और
मैं..बस एक आख़िरी बार.......
तुम्हारी गोद में सर रखकर.....

'सुकूँ की नींद सो लेती माँ

याद है मुझे आज भी

याद है मुझे
वो प्यारा बचपन
मेरा रुक-रुक कर चलना
बार-बार गिरना फिर उठना
आपका मेरी उँगली थामकर
मुझे चलना सिखाना

याद है मुझे
आपका दिव्य सौष्ठव शरीर
भुवन भास्कर सा दमकता
मुखमंडल कर्मठ व्यक्तित्व
जैसे कच्चा नारियल बाहर से
जितने सख़्त भीतर से उतने ही नरम

याद है मुझे
आपका तैयार होकर
काम से बाहर जाना वो
खद्दर का स़फेद कुर्ता धोती
और सर पर गाँधी टोपी वो
बापू के पदचिन्हों पर चलना
देश के स्वतंत्रता आंदोलन में
बढ़-चढ़कर हिस्सा लेना

याद है मुझे
नवनीत से बना हृदय
हर व्यक्ति के दुःख से
पल भर में द्रवित हो जाना
चिलकूट के बटवृक्ष जैसे
जिसका धर्म है समीप से
गुजरते हर पथिक को
उसके हक़ की छाया देना

याद है मुझे
सिर्फ़ अपने परिवार का ही नहीं
बल्कि पूरे सूबे की जनता का
दिल जीत रखा था आपने
हर दिल अज़ीज़ थे आप
भरपूर प्रेम प्रतिष्ठा सम्मान
ताउम्र मिलता रहा आपको

याद है मुझे
वो पांच बार निर्विरोध
ग्रामसभा का सरपंच चुने जाना
अपने आप में एक रिकॉर्ड था
सरपंच साहब की तारीफ़ में
लोगों का कशीदे पढ़ना
पता है आपको..
पंचायत में आज भी आपकी
न्यायप्रियता ईमानदारी और
कर्तव्यनिष्ठा की मिसालें दी जाती हैं
गर्व है मुझे कि मैं आपकी बेटी हूँ

याद है मुझे
वो होस्टल में पहली बार
मुझे छोड़कर जाते वक़्त
आपकी आँखों का नम होना
और आपका उन अश्कों को
मुझसे छुपाने का भरपूर प्रयास करना

बाबू जी...
आपसे ही सीखा है मैंने
सत्य के लिए लड़ना
स्वाभिमान से जीना
मुश्किल घड़ी में सबकी
मदद करना विकट स्थिति में भी
घबराना नहीं बल्कि अदम्य
साहस और हिम्मत से काम लेना

बाबू जी...
आपने ही बोया था न वो
साहित्य कला संस्कृति का
अनमोल बीज मेरे अंतर्मन में
जो आज अंकुरित होकर
शाश्वत फलदायी हो गया है

हाँ..बाबू जी..
आपकी हर आज्ञा का पालन
सहर्ष किया है आपकी बेटी ने
आपका सर झुकने नहीं दिया
कभी भी...कहीं भी...

और...
जीवन में जो भी पाया है
वो माता पिता गुरुजनों और
ईश्वर की कृपा के संग अपनी
कड़ी मेहनत लगन और
स्वयं पर विश्वास से पाया है
कुछ भी...नीचे गिरकर नहीं उठाया मैंने

याद है मुझे
मेरे स्मृति पटल पर अंकित
वो दिव्य ओजस्वी चेहरा आपका
जो हर पल भरता रहता है मुझे
एक अदृश्य अलौकिक शक्ति से

आपका अपने हाथों से मुझे
साथ बैठाकर खाना खिलाना
कैसे भूल सकती हूँ मैं..?
वो पितृ स्नेह का गहरा सागर
आज भी मेरे हृदय में हिलोरें ले रहा है

याद है मुझे
आपकी अंतिम यात्रा के वो
क्षण जब हम सब एकत्र हुए थे
सुरसरि गंगा के पावन तट पर
आपको अंतिम विदा देने
सार्थक हुआ था जन्म मेरा
आपकी बेटी होने का फ़र्ज़
कुछ तो अदा कर पाई थी

पर आज....
आपकी अनहद ख़ामोशी
मुझे बेहद सताती है
दुनिया के हर गम को
हँसकर टाल देती हूँ...फिर भी
आपकी यादें मुझे बरबस रुलाती हैं

आप साकार स्वरूप में
मेरे पास नहीं हैं आज
पर मेरे संपूर्ण वजूद में
ज़िन्दा हैं आप आज भी
स्वभाव में व्यवहार में
सत्य और न्याय में हर जगह
आप ही तो हैं ना 'बाबू जी'

मेरा तो कुछ भी नहीं
जो भी है सब आपका है

सच में
'मुझे बेहद गर्व है कि
'मैं आपकी बेटी हूँ' ।

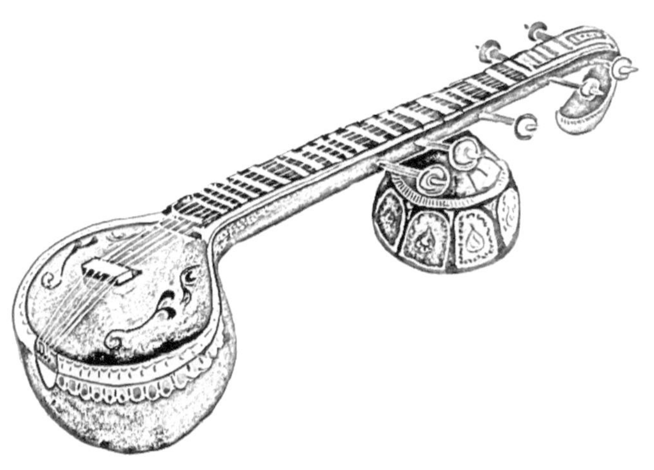

क्षणिकाएँ

1.

टूटकर बिखर जाते हैं लोग
गिरते हैं सीधे आसमाँ से ज़मीं पर

जब कोई अपना-सा कहता है
हम कब मिले आपसे?

2.

कुछ लोग
इस क़दर
समा गये हैं
मेरी 'रूह' में कि

उन्हें ख़ुद से
जुदा करने की
नाकाम कोशिश में
'रूह' ही 'जिस्म' से जुदा हो गयी।

3.

तुम
ज़ाहिर हो
लफ़्ज़ों में मेरे

मैं गुमनाम हूँ
खामोशियों में तेरे।

4.

इन खोये-खोये नैनों में
तस्वीर किसी की बसती है

धुंधली-धुंधली सी दिखती है
कुछ तुमसे मिलती जुलती है

कहीं वो तुम तो नहीं?

5.

ज़िन्दगी के
सफ़र में इक
अजब मक़ाम आया

यूँ भटके हम राह के
नया रास्ता निकल आया।

6.

सच्ची दोस्ती
बेज़ुबान होती है

ये तो
आँखों से बयाँ होती है

दोस्ती में
दर्द मिले तो क्या

दर्द से ही
दोस्ती की पहचान होती है।

7.

ख़ामोश सी
यह रात
और तुमसे
गुफ़्तगू की आरज़ू

अब कैसे
मिले सुकून
तुम तो बोलते ही नहीं।

8.

गर कर
सको तो कर लो
मेरी 'आवाज़' को 'महफ़ूज़'

मुझे यक़ीं है 'मेरे बाद'
बेहद सन्नाटा होगा तेरी महफ़िल में।

9.

सुनो ना

ये इश्क़ है
या इबादत
कुछ समझ नहीं आता

बस
इक ख़याल है
ख़ूबसूरत सा जो
ज़ेहन से नहीं जाता।

10.

इस
अँधेरी रात में
कोई दिया मिल जायेगा

तुम अकेले
घर से निकलो
क़ाफ़िला मिल जायेगा।

11.

काश

मेरे दर्द-ए-एहसास
छू पाते
तेरे अंतर्मन को

और

मिट जातीं
सारी मुश्किलें
एक ही पल में
मंज़िल-ए-दीदार की।

12.

सुनो ना

मेरी आँखों में जो
नमी सी रहती है ना
'हरदम'

यही तो है जो
तुम्हारी 'यादों' को
कभी मुरझाने नहीं देती।

13.

ख़ुद पुकारेगी
'मंज़िल'
तो ठहर जाऊँगा

वरना

ख़ुद्दार मुसाफ़िर हूँ यारो
बस यूँ ही गुज़र जाऊँगा।

14.

काश

कोई मिले
मुझे इस तरह
के फिर कभी जुदा ना हो

वो समझे
मेरे मिज़ाज को
और फिर कभी ख़फ़ा ना हो।

15

प्रीत तेरी
बारिश की बूँदे

मै तो बस
सूखी मिट्टी-सी

बरसो तो
कुछ ऐसे बरसो

भीजे मोरा
तन-मन सजना

महक उठूँ
मैं फिर संदल-सी।

16.

ओ मेरे
'आफ़ताब'
तू इतनी रौशनी भर दे
मेरे वजूद में कि

जिन्दगी के अँधेरों को
छुपा लू मैं अपने आग़ोश में।

17.

सुनो

हम हों न हों
मगर हमारी दोस्ती रहेगी

आप हमेशा
यूँ ही हँसते रहियेगा

क्यूँकि

आपकी 'हँसी' में
हमारी 'मुस्कान' भी शामिल रहेगी।

18.

गर बुलंद हो इरादे
और जीत की हो ख़्वाहिश

राह के काँटे तो क्या?
पत्थर की चट्टानें भी

मजबूर हो जाती हैं
'पथिक' को राह देने को।

19.

बुलाकर मुझे
कह रही हैं ये राहें
चलोगे तभी तो शुरूआत होगी

नहीं चाँद-तारों की
मोहताज 'विमला'
थकूँगी नहीं मैं तो क्यों रात होगी।

20.

सुनो ना

हर
अल्फ़ाज़ मेरा
'तहरीर' है
मेरे दर्द-ए-दिल की

तुम
जब भी पढ़ो
ज़रा ध्यान से पढ़ा करो।

21.

यूँ ही
इत्तेफ़ाक़न नहीं
टकराये हम सब

थोड़ी
साज़िश तो
'ख़ुदा' की भी होगी।

22.

सुनो ना

मेरे 'इश्क़' को
भुला पाना इतना
आसाँ भी नहीं
मेरे 'सनम'

तेरे दिल मे
मुहब्बते 'शरर'
जो छोड़ आयी हूँ।

23.

सुनो ना

जुर्म समझो तो
'सज़ा' मंज़ूर हमको

मेरी 'आँखों' को
पसंद आ गये हो तुम

इन आँखों के रास्ते
दिल में 'समा' गये हो तुम।

24.

सुनो ना

रूह से
जुड़े रिश्तों पर
फ़रिश्तों के पहरे होते हैं

लाख कोशिशें
कर लो आप
तोड़ने से ये
और गहरे होते हैं।

25.

सुनो ना

बहुत मिलेंगे तुझे
वफ़ा के नाम पर
लूटने वाले

मगर
जब कोई
तेरे लिए अपनी
आँखें 'नम' करे तो
उसे मेरा दिल से सलाम कहना।

26.

सुनो ना

तुम अश्क
बनकर मत बहो
इन आँखों से

बस
तुम ठहर जाओ

इक सुरमई
ख़्वाब बनकर
इन्हीं आँखों में
सदा-सदा के लिए।

27.

सुनो ना

जब तेरी
आँखें ख़ुद ही
बयाँ कर देती हैं
'सब कुछ'

तो फिर
हमारी प्रीत पर तेरी
ख़ामोशियों के 'पहरे' क्यों हैं?

कवयित्री परिचय

मर्यादा पुरुषोत्तम प्रभु श्री राम की तपोभूमि चित्रकूट धाम की पवित्र-पावन धरा पर 20 नवंबर को जन्मीं डॉ. विमला व्यास एक सुदर्शन व्यक्तित्व की धनी हैं। इनकी जन्म दात्री साक्षात देवी स्वरूपा माता जी का नाम श्रीमती चमेली देवी तिवारी जी व पिता जी का नाम श्री अवधेश कुमार तिवारी जी है। इनके परम प्रिय मित्र व जीवनसाथी का नाम श्री रूप व्यास जी है।

प्रारंभिक शिक्षा-दीक्षा चित्रकूट में संपन्न करने के बाद, मात्र 14 वर्ष की उम्र में इन्हें शिक्षार्जन हेतु घर से बाहर हॉस्टल में भेज दिया गया। बहुमुखी प्रतिभा की धनी डॉ. विमला व्यास ने अपनी उच्च शिक्षा पूर्व के ऑक्सफ़ोर्ड इलाहाबाद विश्वविद्यालय एवं ए पी एस यूनिवर्सिटी रीवा से प्रथम स्थान हासिल कर स्वर्ण पदक के साथ संपन्न की। रसायन विज्ञान में सर्वोच्च डॉक्टर ऑफ़ साइंस एवं डॉक्टर ऑफ़ फ़िलासफ़ी की उपाधियाँ हासिल करने के बाद उन्हें काउंसिल ऑफ़ साइंटिफ़िक एंड इंडस्ट्रियल रिसर्च एवं विश्वविद्यालय अनुदान आयोग द्वारा जूनियर रिसर्च फ़ेलो, सीनियर रिसर्च फ़ेलो, पूल ऑफ़िसर तथा रिसर्च एसोसिएट के पद पर नियुक्त होने का गौरव प्राप्त है। विभिन्न पदों पर रहते हुए उन्होंने रसायन विज्ञान विभाग, इलाहाबाद विश्वविद्यालय में क़रीब दो दशकों तक शिक्षण, शोध तथा प्रशासनिक कार्यों में अपना बहुमूल्य योगदान दिया। तत्पश्चात् पिछले दो दशकों से यू.जी.सी.- मानव संसाधन विकास केंद्र, इलाहाबाद विश्वविद्यालय में सह-निदेशक के पद पर कार्य करते हुए, देश के विभिन्न कालेजों व विश्वविद्यालयों से आये शिक्षकों के शिक्षण-प्रशिक्षण व व्यक्तित्व विकास में महत्वपूर्ण भूमिका अदा की है। इस प्रकार उच्च शिक्षा के क्षेत्र में मानव-संसाधन विकास के लिए किये गये उनके कार्य बेहद सराहनीय हैं। 21वीं सदी में उच्च शिक्षा के विभिन्न आयामों पर वर्ष 2011 में प्रकाशित उनकी किताब 'Higher Education in the Global Era : From Vision to Implementation' को विश्वविद्यालयों और शोध संस्थानों में कार्यरत शिक्षकों वैज्ञानिकों व शोध छात्रों द्वारा भरपूर सराहना मिली है।

चार दशकों के अपने कार्यकाल में उनके क़रीब डेढ़ सौ शोध पत्र, समीक्षा आलेख, बुक चैप्टर्स तथा विभिन्न विषयों पर दिये गये व्याख्यान, विभिन्न अंतरराष्ट्रीय एवं राष्ट्रीय पत्र-पत्रिकाओं एवं किताबों में प्रकाशित हो चुके हैं। वह व्याख्यान देने के लिए अमेरिका, कनाडा, फ्रांस, इंग्लैंड, जर्मनी एवं संयुक्त अरब अमीरात के विभिन्न विश्वविद्यालयों व अन्य साहित्यिक सांस्कृतिक संस्थानों द्वारा वार्ताकार के रूप में आमंत्रित की जा चुकी हैं। उन्होंने वहाँ जाकर अपने सारगर्भित व्याख्यानों से अपनी मातृभूमि को सदैव गौरवान्वित किया है।

इन्होंने समाज सेवा के क्षेत्र में भी अपनी अलग पहचान बनाई है। लड़कियों और महिलाओं की शिक्षा स्वास्थ्य व सशक्तिकरण के लिए यह तन, मन, धन, से समर्पित हैं। पर्यावरण संरक्षण में भी इनकी गहरी रूचि है। ये उत्तर प्रदेश सरकार, महिला एवं बाल विकास मंत्रालय के अंतर्गत, वर्ष 1991 से 1994 तक जुवेनाइल मजिस्ट्रेट के पद पर भी कार्य कर चुकी हैं। साथ ही प्रान्त महिला प्रमुख, स्वदेशी जागरण मंच, पूर्वी उत्तर प्रदेश के मानद पद पर 2014 से जुलाई 2021 तक कार्य कर चुकी हैं।

प्राचीन काल से ऋषियों की यज्ञभूमि रही प्रयागराज डॉ. व्यास की कर्मभूमि है। कई महत्वपूर्ण दायित्वों का कुशलतापूर्वक निर्वहन करते हुए विदुषी डॉ. विमला व्यास ने बालकाल्य से ही साहित्य सृजन में अपना भरपूर योगदान दिया है। उन्हें साहित्य, समाज, विज्ञान एवं पर्यावरण के क्षेत्र में अन्तर्राष्ट्रीय स्तर पर विभिन्न पुरस्कारों से नवाज़ा जा चुका है। जिनमें लाइफ़ टाइम अचीवमेंट अवॉर्ड, महिला गौरव सम्मान, साहित्य रत्न अवॉर्ड एवं अन्य अवॉर्ड शामिल हैं। उनकी बायोग्राफ़ी अमेरिकन बायोग्राफ़िकल इंस्टिट्यूट द्वारा बेस्ट साइंटिस्ट ऑफ़ द वर्ल्ड कैटेगरी में छप चुकी है। वह विभिन्न अंतर्राष्ट्रीय एवं राष्ट्रीय साइंटिफ़िक, साहित्यिक एवं सामाजिक संस्थाओं की लाइफ़ फ़ेलो और लाइफ़ मेंबर हैं तथा साहित्यिक पत्रिकाओं की पैट्रन एवं एडिटर हैं। उनके आलेख, कविता एवं कहानियाँ रेडियो और दूरदर्शन पर भी प्रसारित होते रहते हैं। उनकी कविताएँ और कहानियाँ, विभिन्न कविता संग्रह और कहानी संग्रह तथा पत्र-पत्रिकाओं में प्रकाशित हो चुकी हैं।

इनकी कविताएँ साझा काव्य संग्रह संदल सुगंध में भी सम्मिलित हैं।

इनकी कविताएँ बेहद मर्मस्पर्शी होती हैं जो तन और मन को स्पंदित करने के साथ-साथ हृदय की अतल गहराई को स्पर्श करती हैं। अंतरात्मा की गहराइयों से निकली इनकी रचनाएँ बेहद सरस, सहज व स्पष्ट शब्दों में जनसाधारण के मनोभाव को असाधारण रूप से मंत्रमुग्ध कर जाती है। यही बात उनके काव्य शिल्प की ख़ूबसूरती में चार चाँद लगा देती है।

-डॉ. विमला व्यास
प्रयागराज, उत्तरप्रदेश
भारत

संपर्क सूत्र :

vimlavyas@gmail.com

https://www.facebook.com/drvimlarvyas77

Link to my Facebook page : Dr. Vimla Vyas

https://www.facebook.com/Aaradhyavimal

https://twitter.com/Drvvyas

https://www.instagram.com/aaradhya_vimal/